PRACTICE TRANING TEXTBOOK OF
THE MANAGEMENT COURSE

管理学实训教程

潘月杰◎编著

经济管理出版社
ECONOMY & MANAGEMENT PUBLISHING HOUSE

图书在版编目（CIP）数据

管理学实训教程/潘月杰编著. —北京：经济管理出版社，2017.6
ISBN 978-7-5096-5183-4

Ⅰ.①管… Ⅱ.①潘… Ⅲ.①管理学—教材 Ⅳ.①C93

中国版本图书馆 CIP 数据核字（2017）第 135883 号

组稿编辑：张永美
责任编辑：张永美 范美琴
责任印制：黄章平
责任校对：雨 千

出版发行：经济管理出版社
　　　　　（北京市海淀区北蜂窝 8 号中雅大厦 A 座 11 层 100038）
网 　址：www. E-mp. com. cn
电 　话：(010) 51915602
印 　刷：三河市延风印装有限公司
经 　销：新华书店
开 　本：710mm×1000mm /16
印 　张：13.75
字 　数：217 千字
版 　次：2017 年 7 月第 1 版 2017 年 7 月第 1 次印刷
书 　号：ISBN 978-7-5096-5183-4
定 　价：45.00 元

前言

　　著名管理学大师彼得·德鲁克认为，管理不应只是一些理论和学术研究，还应该用来解决社会和企业所需要解决的问题，"管理是一种实践，其本质不在于知而在于行，其验证不在于逻辑而在于成果，其唯一就是成就。"① 因此，管理学教学应该坚持理论性与实践性相结合，尤其要强调知识与技能的实践性和应用性。管理学作为经管类学生的专业基础课，如何增强它的实践性与应用性效果是课程设计的一个重要难题。

　　全新的教学环境对管理学的教学也提出了新的挑战。首先，"90后"学生是当前大学课堂学习的主体，"00后"的孩子很快也会进入大学的课堂。与他们的前辈相比，这批学生具有更强烈的自我意识、更鲜明的个性以及更高程度的参与性与表达性特征，喜欢变化和挑战，熟悉且习惯虚拟与游戏的环境，对传统知识讲授式的教学天然地不感兴趣，更喜欢体验式、参与式、游戏化的教学设计。其次，随着技术的发展，信息和资讯的获取变得越来越便捷和低价。随着公开课和MOOC资源的出现，任何一门课都可以在网上找到优质的教学视频。同时，随着移动互联网的快速发展，信息传递越来越便捷，通过一部手机就可以便捷地获取与管理学教学内容相关的知识信息与案例资料，这使得教师在信息不对称方面的优势减小甚至消失，课堂教学的难度在加大。翻转课堂的出现启示我们，课堂教学的重点不应再是知识的传授，应该更多地强调知识的运用、理论的实践，通过角色扮演、虚拟演练、互动交流强化体验，深化与升级认知。

_____

① 　彼得·德鲁克.管理的实践［M］.齐若兰译.北京：机械工业出版社，2006.

　　管理学内在的教学设计重点和当前的教学环境都要求我们对管理学重新进行设计，强化实践与运用。正是基于上述分析，笔者根据多年教学经验与教学改革成果，编写了本教材。本教材定位于一本教辅教材或实训教材，不是为了取代已有的经典的管理学教材，而是更好地对其进行补充，希望教师通过配合使用，提高教学的实践性，也可作为管理学实践环节的教材。

　　在整体结构上，本书以周三多老师的经典管理学教材为主要参考，同时借鉴其他老师的教材以及实际教学重点，全书共分为七章，分别是总论、决策、计划、组织、领导、控制和创新。每章又分为两个部分：第一部分是知识点练习，包括主题思维导图、能力测评、讨论案例、相关主题的寓言故事、影视片段分析以及管理游戏，这一部分可以作为平时课堂教学的活动设计，增加课堂教学的趣味性与实践性。第二部分是综合实训，通过虚拟的情景设计或实践活动设计，让学生对相关章节主题进行综合练习或演练。如果管理学的教学计划包括实训环节设计，第二部分亦可作为实训环节的教学设计。另外，本书中大量的案例、寓言、游戏等，也可作为对管理知识感兴趣的读者自学的参考读物。

　　只有更有趣，才会更有用。如何让管理学的课堂变得更多丰富多彩、生动有趣，是当前有效实现课程教学效果的关键。由于笔者水平有限，本书难免有错误和失误，恳请各位读者给予批评指正，以便将来修改和完善。

潘月杰

2017 年 4 月

目录

第一章

管理学总论

第一节　管理学总论知识点练习

一、管理学总论思维导图

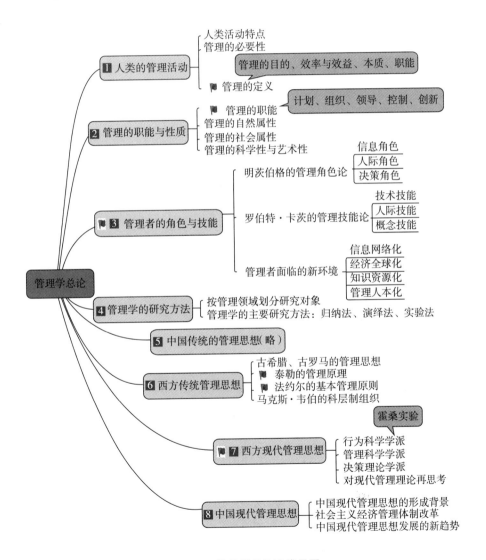

图1-1　管理学总论思维导图

二、管理学总论测验

团队角色类型测试

您好！欢迎参加团队角色认知测验。

本测验共 7 道题，每道题有 A~H 八个计分项。在每一道题目中，请用 10 分分别给最能反映您的行为的计分项打分。这 10 分既可以分别打给某几项（各项的得分之和必须是 10，可以打以 0.5 结尾的分），也可以只加到某一项上。请把分数填到"答题表"内。

本测验的结果没有正误好坏之分，请您根据自身的实际情况，按照要求认真作答。整个测验大约需要 15 分钟。

（1）我认为我能为一个集体做什么？

A. 我觉得我能够很快发现并利用新的机会。

B. 我能够与各种人融洽相处。

C. 我生性爱出点子。

D. 我擅长围绕集体目标甄选有用的人才。

E. 我做事善始善终与我本人的高效率有很大关系。

F. 只要最终能出成果，我耐得住一时的寂寞。

G. 我通常能感觉出哪种办法是现实可行的。

H. 我能够不带个人偏见地提出合理的、可供选择的方案。

（2）假如我在与他人合作中有什么不足，很可能是：

A. 如果会议安排、主持得不好以及结果不理想，我就感到不自在。

B. 我一向迁就那些有很好的见解然而却无缘发表的人。

C. 每当人们接触一些新观点，我总爱大侃一番。

D. 我对目标的看法使我难以热情爽快地与同事合作。

E. 当需要完成某件事情时，有时候我会表现出盛气凌人的样子。

F. 要让我挑头做事很难，或许我过于在乎别人的态度了。

G. 我容易陷入纷扰的思绪，以致不能专注于眼前的事情。

H. 同事们总认为我考虑问题太细，杞人忧天。

（3）当参与一个项目时：

A. 我有不用施加压力也能影响他人的本事。

B. 我处事谨慎，马虎的错误不会重犯。

C. 如果会议跑题、空耗时间，我不会坐视不管。

D. 我能不负众望发表独到见解。

E. 我随时都能出于公心支持好的建议。

F. 我很关注新观念、新事物的发展动态。

G. 我相信我的判断力有助于做出正确决策。

H. 主要的工作由我来抓落实是能让人放心的。

（4）参与集体事务，我所特有的方式是：

A. 我个人保持一种加深对同事了解的兴趣。

B. 我愿意对他人的看法表示质疑，即便处于少数地位也将保留自己的看法。

C. 我通常能找到辩论的机会驳倒不成熟的建议。

D. 我认为当一项计划要求付诸实施时，我有能使之操办起来的本事。

E. 我通常别出心裁带给大家一个惊喜。

F. 凡是我亲手经办的事我总有点追求尽善尽美。

G. 我乐于运用本单位以外的关系。

H. 当我倾听各种意见时，一旦需要做出决定，我会马上拍板。

（5）对一份工作感到满足是因为：

A. 我喜欢分析形势，比较各种可能的选择。

B. 我对能找到解决问题的实际方案有兴趣。

C. 我希望我能建立良好的工作关系。

D. 别人做决定会听我的意见。

E. 我能接触到或许能提供新见解的人。

F. 我能让别人同意一项必须实施的行动步骤。

G. 我感到在自己所处的部门能够以全部精力投入工作。

H. 我希望找到一片扩展想象力的天地。

（6）如果突然领受一项艰巨的任务，时间有限，人员生疏：

A. 在上手操办之前，我可能要躲到一个角落，争取想出一种摆脱困境的办法。

B. 我将同愿意与我接近的人一起工作。

C. 我将设法将此任务尽可能地让其他人员分担一些。

D. 我想我会保持冷静，面对现实思考解决办法。

E. 我对工作有天生的紧迫感。

F. 尽管有压力，我将下定决心完成任务。

G. 如果我看到集体工作没有进展，我会做好准备，主动起带头作用。

H. 我将召集大家讨论，集思广益，推动工作进展。

（7）和大家一起工作遇到问题时：

A. 遇到阻碍工作进程的问题，我容易显得不耐烦。

B. 其他人可能会责备我太过关注分析而依靠直觉不够。

C. 我要确保工作顺利进行的愿望有助于对问题的处理。

D. 我很容易变得厌倦，需要有一两位善于做鼓动工作的同事使我打起精神。

E. 如果目标不明确，工作很难开展。

F. 我不善于把自己想到的一些复杂观点表达清楚。

G. 我深知有些事情自己做不了时需要别人帮助。

H. 当遇到反对意见时，我不能直截了当地让别人了解我的观点。

表1-1　团队角色类型答题卡

题目	计分项							
	A	B	C	D	E	F	G	H
（1）								
（2）								
（3）								
（4）								
（5）								
（6）								
（7）								
总分								

注：每一行从A加到H的数值之和应为10。

三、管理学总论案例

（一）管理是什么

李叶和王宾是大学同学，学的都是管理科学与工程专业。毕业后，李叶到深圳一家有名的外资企业从事管理工作，而王宾却被学校免试推荐为该校的硕士研究生。一晃三年过去了，王宾又以优异的成绩考入北京某名牌大学攻读管理科学与工程的博士学位，李叶在当上部门经理后也来到该校参加 MBA 培训。

王宾在办理报到手续时和李叶不期而遇，老同学相见免不了促膝长谈，一醉方休。王李二人在酒足饭饱之余闲聊起来，话题自然而然就谈到管理上了。

王宾非常谦虚地说："李兄，我虽然读了很多管理方面的著作，但对于什么是管理还是心存疑虑。管理学家西蒙说，管理就是决策，有的管理学家却说管理就是协调他人的活动，真是公说公有理，婆说婆有理。你是从事管理工作的，那你认为管理到底是什么？"

李叶略为思索了一会儿，说道："你读的书比我多，思考问题也比我深。对于什么是管理，过去我从来没有认真去想过，不过从我工作的经验来看，管理其实就是管人，人管好了，什么都好。"

"那么依你看，善于交际的、会拍马屁的人就是最好的管理者了？"王宾追问道。

"那也不能这么说。"李叶忙回答道，"虽然管人很重要，但管理也不仅仅是管人，正如你所说，管理者还必须做决策，组织、协调各部门的工作等。"

"你说得对，管理不仅要管人，还要作计划、定目标、选人才、做决策、组织实施和控制等等，那么，也就是说，作计划、定目标、选人才、做决策，组织实施和控制等活动就是管理啦？"王宾继续发表自己的见解。

"可以这么说，我们搞管理的差不多什么都做，今天开会，明天制定规则，后天拟订方案等，所以说，搞好管理不容易。"李叶深有感触地说。

"那你怎么解释管理就是通过他人来完成工作，难道在现实中这种说法本身就是虚假的吗？"王宾显得有些激动地说。

李叶想了一会儿才回答道:"我个人认为,管理就是通过他人来完成工作这句话有失偏颇,管理的确是要协调和控制他人的活动,使之符合企业制定的目标和发展方向,但管理者绝不是我们有些人所理解的单纯的发号施令者,其实管理者的工作量非常大,在很多方面,他们还必须起到带头和表率的作用。"

"我同意你的观点,管理者绝不是发号施令者,管理也并不就是叫别人来帮忙做事,管理者是舵手,是领航员,他必须带领其他人一起为组织目标而奋斗。不过在咱们中国,听说在一些国有企业,只要你能吃、能喝、会拍马屁,你就是一个好的管理者,你就会受到上级的器重,对此你有什么高见?"

"在咱们中国,的确存在着相当普遍的官僚主义、拉关系的现象,这恐怕是传统体制留下的弊端,但并不是说管理就是陪人吃饭、喝酒、拍领导马屁。在外资企业,这种现象就比较少,只要你有本事,能干出成绩,用不着你去拍马屁送礼,上级也一样器重你,你就能获得提拔,得到加薪。因此从某种意义上讲,管理就是管理者带着组织成员一起去实现组织目标。"

"可是……"

思考及讨论

(1) 你怎么看待这场谈话?它说明了什么问题?

(2) 具有管理经验的李叶说"管理其实就是管人",对此你有何看法?

(3) 你怎么看待案例中所谈到的"吃、喝、拍马屁"的现象?

(二) 查克·斯通曼的一天

查克·斯通曼真的相信那句老话"早鸟得虫"。这一天是星期二,清晨,他比往常早一个小时就起来了。先是原地不动地骑车运动,接下来是洗澡、穿衣、吃早饭、快速地浏览晨报。当查克驱车上路时,他看了一眼手表是5:28,从家里开车到上班地点只需15分钟。查克是勒那食品公司奥马哈工厂的经理。勒那公司生产牛肉和猪肉产品,以私有商标卖给六七十家大型超级市场连锁店。

一边开着车,查克的思绪一边回到昨天晚上。昨夜,查克和他的妻子安妮外出吃饭,庆祝他们结婚15周年纪念日。回忆起他们的初次约会,他们俩事先都没抱多大希望。他们还谈起一些老朋友，他们之间已经多年没有通过信了。昨天晚上的谈话使查克萌生出一种怀旧感，他的思绪开始漫游。他想到他是怎么最后来到奥马哈，经营一家肉类加工厂，手下管着 650 名工人的。

查克 1979 年毕业于伊利诺伊大学，获商学学士学位。毕业后他进入勒那食品公司，一直干到今天。开始是在芝加哥工厂做生产计划助理，在后来的 12 年中，他逐级晋升高级生产计划员、生产领班、轮班工长，以及堪萨斯城工厂的经理助理。1991 年，他得到提升担任了现在的职务。查克和安妮喜欢奥马哈，打算在这里把他们的两个儿子抚养成人，安妮最后利用她的统计学学位在奥马哈投资公司找到了一份保险统计员的工作。

查克今天早晨心情特别好，最后的生产率报告表明，奥马哈工厂超过了堪萨斯城工厂和伯明翰工厂，成为公司人均劳动生产率最高的工厂。经过 10 个月的经营，奥马哈工厂已成为公司所属 7 家工厂中获利最多的工厂。昨天，查克在与上司的通话中得知，他的半年绩效奖金为 23000 美元，而过去，他最多只拿到过 8500 美元。

查克决定今天要把手头的许多工作清理一下，像往常一样，他总是尽量做到当日事当日毕。除了下午 3：30 有一个幕僚会议以外，其他时间都是空着的，因此他可以解决许多重要的问题。他打算仔细审阅最近的审计报告并签署他的意见，还要仔细检查一下工厂 TQM 计划的进展情况。他还打算开始计划下一年度的资本设备预算，离申报截止日期已经不到两个星期了，他一直抽不出时间来做这件事。查克还有许多重要的事项记在他的"待办"日程表上：他要与工厂厂长讨论几个雇员的投诉；写一份 10 分钟的演讲稿，准备应邀在星期五的商会会议上致辞；审查他的助手草拟的贯彻美国职业安全健康法（OSHA）的情况报告，工厂刚接受过安全检查。

查克到达工厂时是 5：45，他还没走到自己的办公室，就被会计总监贝斯拦住了，查克第一个反应是：她这么早在这里干什么？很快他就搞清楚了。贝斯告诉他，工资协调员昨天没有交上来工资表，贝斯昨晚一直等到 10 点，今天早上 4：30 就来了，想在呈报的最后期限之前把工资表做出来。贝斯告诉查克，实在没办法按时向总部上报这个月的工资表了。查克做了个记录，打算与工厂的总会计师交换一下意见，并将情况报告他的上司——公司副总裁。

查克总是随时向上司报告任何问题，他从不想让自己的上司对发生的事情感到突然。最后，在他的办公室里，查克注意到他的计算机在闪烁，一定是有什么新到的信息。

在检查了他的电子邮件后，查克发现只有一件事需要立即处理。他的助手已经草拟出下一年度工厂全部管理者和专业人员的假期时间表，它必须经查克审阅和批准。处理这件事只需 10 分钟，但实际上占用了查克 20 分钟的时间。

现在首先要办的事是资本设备预算，查克在他计算机的工作表程序上开始计算工厂需要什么设备以及每项设备的成本是多少。这项工作刚进行了 1/3，查克便接到工厂厂长打来的电话。电话中说在夜班期间，三台主要的输送机有一台坏了，维修工修好它得花费 4.5 万美元，这些钱没有列入支出预算，而更换这个系统大约要花费 12 万美元。查克知道，他已经用完了本年度的资本预算，于是他在 10：00 安排了一个会议，与工厂厂长和工厂会计师研究这个问题。

查克又回到他的工作表程序上，这时工厂运输主任突然闯入他的办公室，他在铁路货车调度计划方面遇到了困难，经过 20 分钟的讨论，两个人找到了解决办法。查克把这件事记下来，要找公司的运输部长谈一次，好好向他反映一下工厂的铁路货运问题，其他工厂是否也存在类似的问题？什么时候公司的铁路合同到期重新招标？

看来打断查克今天日程的事情还没有完，他又接到公司总部负责法律事务的职员打来的电话，他们需要数据来为公司的一桩诉讼辩护，奥马哈工厂一位前雇员向法院起诉公司歧视他。查克把电话转接给人力资源部。查克的秘书又送来一大沓信件要他签署。突然，查克发现到 10：00 了，会计师和厂长已经在他办公室的外面等候。3 个人一起审查了输送机的问题并草拟了几个选择方案，准备将它们提交到下午举行的幕僚会议上讨论。现在是 11：05，查克刚回到他的资本预算编制程序上，就又接到公司人力资源部部长打来的电话，对方花了半个小时向查克说明公司对即将与工会举行的谈判的策略，并征求他对与奥马哈工厂有关的问题的意见。挂上电话后，查克下楼去人力资源部长办公室，他们就这次谈判的策略交换了意见。

查克的秘书提醒他，与地区红十字运动的领导约定共进午餐的时间已经过了，查克赶紧开车前往约定地点，好在不过迟到了 10 分钟。下午 1：45，查克返回他的办公室，工厂厂长已经在那里等他。两个人仔细检查了工厂布置的调整方案，以及通道面积是否符合专为残疾雇员制定的法律要求。会议的时间较长，因为中间被三个电话打断。现在是 3：35，查克和工厂厂长穿过大厅来到会议室，幕僚会议通常只需要 1 个小时，不过，讨论劳工谈判和输送系统问题的时间拖得很长。这次会议持续了两个多小时，当查克回到办公室时，他觉得该回家了。他和安妮今晚要在家中招待几位社区和企业的领导人。

开车回家的时间对查克来说仿佛用了 1 个小时而不是 15 分钟，他已经精疲力竭了。12 个小时以前，他还焦急地盼望着一个富有成效的工作日，现在这一天过去了，查克不明白，"我完成了哪件事？"当然，他知道他干完了一些事，但是本来他想要完成更多事的。

是不是今天有点特殊？查克承认不是，每一天开始时他都有着很好的打算，而回家时都不免感到有些沮丧。他整日就像置身于琐事的洪流中，中间还被不断地打断。他是不是没有做好每天的计划？他说不准。他有意使每天的日程不要排得过紧，以使他能够与人们交流，使得人们需要他时他能抽得出时间来。但是，他不明白是不是所有管理者的工作都经常被打断和忙于救火，他能有时间用于计划和防止意外事件发生吗？

思考及讨论

（1）用计划、组织、领导和控制四种职能理论评价查克的活动。

（2）用系统方法评价查克一天的活动。

（3）查克在完成他的职责上是有效率的吗？是有效果的吗？请说明理由。

（4）查克要成为更好的管理者应当做些什么？

（三）谁来承担损失

田野是某大学的一名学生，为了准备全国英语六级考试，在 A 书城购买了一本历年全国英语六级考试全真试题，没想到在准备做试题时，却发现该书缺 40 多页。无奈，他只好找出购书时电脑打印的列有所购书名的付款小票，准备去调换一本。

到了书城，田野直接到总服务台说明了情况，营业员甲接过书和付款小票看了看，说："没问题，可以调换。请您直接去5层找营业员调换。"随即，田野来到5层，找到相应专柜的营业员乙，营业员乙马上在书架上找，结果却发现该书一本都不剩了，于是对田野说："这本书已卖完了，不知仓库里有没有，你去找总台问。"此时，田野显得有些不耐烦了，问营业员乙为什么不能帮助顾客联系解决，而要顾客楼上楼下来回跑。营业员乙一边抱怨一边打电话给总台说："书架上已没有该书，请你们处理吧。"田野一脸的无奈，只好再次跑下楼去找总台。

没想到总台营业员甲查完电脑记录后却告知田野，该书已脱销了，现在厂家也没有此书了。田野十分生气，本来只想调换一本，结果自己楼上楼下跑，跑来的结果却是一本不剩，他要求退书。可是，营业员甲说："退书必须在购书7日之内，您所购书是8天前买的，我们不能给您退。"田野此时已气愤至极，买了一本缺40余页的书本来已经够恼火的了，专门来调换却没有书可换。于是，他找到书城负责人理论说："我从你们书城买的书缺了40多页，我是来换书的，并不想来退书，可现在你们因为该书脱销不能给我换书我才退书的。"书城负责人不无遗憾地说："这是单位规定，超过7天不予退，只能换。"田野据理力争道："如果因为我个人的原因在7天之后要求退书，你们可以不退。但现在不是因为我的原因，而是你们该书脱销，而卖给我的书又少了40多页，你们没有理由不给退。"书城负责人说："不是我们不给你换，是没有书可换，我也没有办法，超过7天我们不予退书，要退，你找出版厂商去。"此时，围观的人越来越多，人们纷纷谴责书城负责人的做法。

思考及讨论

（1）如果你是该书城负责人，对田野的退书要求，你认为应该怎样处理？

（2）谈谈您对管理的例外原则的理解。

（四）升任公司总裁后的思考

郭宁最近被公司聘为总裁，在他准备就任此职位的前一天晚上，他浮想联翩，回忆起他在该公司工作二十多年的情况。

他在上大学时学的是工业管理，大学毕业获得学位后就到该公司工作，最初担任液压装配单位的助理监督。他当时感到真不知道如何工作，因为他对液压装配所知甚少，可是他非常认真好学，一方面，他仔细阅读该单位的工作手册，并努力学习有关的技术知识；另一方面，监督长也主动帮助他，使他渐渐摆脱了困境，胜任了工作。经过半年多的努力，他已有能力独立担任液压装配的监督长工作。可是，当时公司没有提升他为监督长，而是直接提升他为装配部经理，负责包括液压装配在内的四个装配单位的领导工作。

在他当助理监督时，他主要关心的是每日的作业管理，技术性很强，而当他担任装配部经理时，他发现自己不能只关心当天的装配工作状况，还得做出此后数周乃至数月的规划，还要完成许多报表、参加许多会议，他没有多少时间去从事他过去喜欢的技术工作。当上装配部经理不久，他就发现原有的装配工作手册已过时了，因为公司安装了许多新的设备，吸收了一些新的技术，他花了整整一年时间去修订工作手册，使之切合实际。在修订手册过程中，他发现要让装配工作与整个公司的生产作业协调起来，是需要有很多讲究的。他还主动到几个工厂去访问，学到了许多新的工作方法，他把这些也吸收到修订的工作手册中去。由于该公司的生产工艺频繁发生变化，工作手册也不得不经常修订，郭宁对此都完成得很出色。工作了几年后，他不但自己学会了这些工作，而且还学会如何把这些工作交给助手去做，教他们如何做好，这样，他可以腾出更多时间用于规划工作和帮助他的下属工作得更好，以及花更多的时间去参加会议、批阅报告和完成向上级的工作汇报。

在他担任装配部经理6年之后，正好该公司负责规划工作的副总裁辞职应聘于其他公司，郭宁便主动申请担任此职。在同另外5名竞争者较量之后，郭宁被正式提升为负责规划工作的副总裁。他自信拥有担任这一新职位的能力。但由于这项高级职务工作的复杂性，他刚接任时仍碰到了不少麻烦。例如，他发现很难预测1年之后的产品需求情况。可是一个新工厂的开工，乃至一个新产品的投入生产，一般都需要在数年前做出准备。而且，在新的岗位上他还要不断处理市场营销、财务、人事、生产等部门之间的协调，这些他过去都不熟悉。他在新岗位上逐渐感觉到：职位越是上升，越难以仅仅按标准的工作程序进行工作。但是，他还是渐渐适应了，并做出了成绩，之后他又被提升为负责生产工作的副总裁，而这个职位通常是由该公司资历最深、辈分最高的副总裁担任的。到现在，郭宁又被提升为总裁。他知道，一个人当上了公司最高主管职位之时，他应该自信自己有能力处理可能出现的任何情况，但他也明白自己尚未达到这样的水平。因此，他不禁想到自己明天就要上任了，今后数月的情况会怎么样？他不免为此而担忧。

思考及讨论

（1）你认为郭宁当上公司总裁后，他的管理责任与过去相比有了哪些变化，应当如何去适应这些变化？

（2）你认为郭宁要胜任公司总裁的工作，哪些管理技能是最重要的？你觉得他具有这些技能吗？试加以分析。

（3）如果你是郭宁，你认为当上公司总裁后自己应该补上哪些欠缺才能使公司取得更好的成绩？

（五）保力公司的总经理

保力公司是一家中美合资的专业汽车设备生产制造企业，总投资 600 万美元，其中固定资产 350 万美元，中方占有 53% 的股份，美方占有 47% 的股份，主要生产汽车配套设备，在中国有广阔的潜在市场。

由谁出任公司的总经理呢？外方认为，保力公司的先进技术、设备均来自美国，要使公司发展壮大，必须由美国人来管理。中方也认为，由美国人来管理，可以学习借鉴国外企业管理方法和经验，有利于消化吸收引进的技术和提高管理效率。因此，董事会形成决议，聘请美国山姆先生任总经理。山姆先生有 20 年管理汽车设备生产企业的经验，对合资公司的管理胸有成竹。谁知事与愿违，公司开业一年不但没有赚到一分钱，反而亏损了 80 多万美元。山姆先生被公司辞退了。

这位曾经在日本、德国、美国等地成功管理过汽车设备生产企业的经理何以在中国会遭遇失败呢？多数人认为，山姆先生是一个好人，在技术管理方面是内行，为公司吸收和消化先进技术做了很多工作。他对搞好保力公司怀有良好的愿望，"要让保力公司变成一个纯美国式的企业"。他工作认真负责，反对别人干预他的管理工作，并完全按照美国的模式设立了公司的组织结构并建立了一整套管理制度。在管理体制上，山姆先生实行分层管理制度：总经理只管理两国副总经理，下面再一层管一层。但这套制度的执行结果造成了管理的混乱，人心涣散，员工普遍缺乏主动性，工作效率大大降低。山姆先生强调"我是总经理，你们都要听我的"。他甚至要求，工作进入正轨后，除副总经理外的其他员工不得进入总经理的办公室。他不知道，中国企业负责人在职工面前总是强调和大家一样，以求得职工的认同。最终，山姆先生在公司陷入被动、孤立的局面。

山姆先生走后，保力公司又选拔了一位中方副厂长担任总经理，并随后组建了平均年龄只有 33 岁的领导班子。新班子根据实际情况和组织文化，迅速制定了新的规章制度，调整了公司机构，调动了全体员工的积极性。在销售方面，采取了多种促销手段，半年后，保力宣告扭亏为盈。

思考及讨论

（1）试用管理学的有关原理分析前后两任总经理成败的原因。

（2）根据这一案例，你得出什么结论？

（3）如何看待本章中所介绍的各种管理学派？

（六）联合邮包服务公司的科学管理

联合邮包服务公司（UPS）雇用了 15 万名员工，平均每天将 900 万个包裹发送到美国各地和 180 个国家。为了实现他们的宗旨，"在邮运业中办理最快捷的运送"，UPS 的管理层系统地培训他们的员工，使他们以尽可能高的效率从事工作。下面以送货司机的工作为例，介绍一下他们的管理风格。

UPS 的工业工程师对每一位司机的行驶路线都进行了时间研究，并对每种送货、暂停和取货活动都设立了标准。这些工程师记录了红灯、通行、按门铃、穿院子、上楼梯、中间休息喝咖啡的时间，甚至包括上厕所的时间，将这些数据输入计算机中，从而给出每一位司机每天工作的详细时间标准。

为了完成每天取送 130 件包裹的目标，司机们必须严格遵循工程师设定的程序。当接近发送站时，他们松开安全带，按喇叭，关发动机，拉起紧急制动，把变速器推到 1 挡上，为离开做好准备，这一系列动作严丝合缝。然后，司机从驾驶室出溜到地面上，右臂夹着文件夹，左手拿着包裹，右手拿着车钥匙。他们看一眼包裹上的地址把它记在脑子里，然后以每秒 3 英尺的速度快步跑到顾客的门前，先敲一下门以免浪费时间找门铃。送完货后，他们在回卡车的路途中完成登录工作。

这种刻板的时间表是不是看起来有点烦琐？也许是，它真能带来高效率吗？毫无疑问！生产率专家公认，UPS 是世界上效率最高的公司之一。举例来说吧，联邦捷运公司平均每人每天取送不超过 80 件包裹，而 UPS 却是 130 件。在提高效率方面的不懈努力，看来对 UPS 的净利润产生了积极的影响。虽然这是一家未上市的公司，但人们普遍认为它是一家获利丰厚的公司。

思考及讨论

（1）结合联合邮包服务公司的实际，讨论泰勒的科学管理的主要内容。

（2）谈谈如何在日常学习中运用泰勒的科学管理原理。

（七）甜美的音乐

马丁吉他公司成立于 1833 年，位于宾夕法尼亚州拿撒勒市，被公认是世界上最好的乐器制造之一，就像 Steinway 的大钢琴、Rolls Royce 的轿车，或者 Buffet 的单簧管一样，马丁吉他每把价格超过 10000 美元，却是你能买到的最好的东西之一。这家家族式的企业历经艰难岁月，已经延续了六代。目前的首席执行官是克里斯琴·弗雷德里克·马丁四世，他秉承了吉他的制作手艺。他甚至遍访公司在全世界的经销商，为他们举办培训讲座。很少有哪家公司像马丁吉他一样有这么持久的声誉，那么，公司成功的关键是什么？一个重要原因是杰出的管理和领导技能，它使组织成员始终关注像质量这样的重要问题。

马丁吉他公司自创办起做任何事都非常重视质量。即使近年来在产品设计、分销系统以及制造方法方面发生了很大变化，但公司始终坚持对质量的承诺。公司在坚守优质音乐标准和满足特定顾客需求方面的坚定性渗透到公司从上到下的每一个角落。不仅如此，公司在质量管理中长期坚持生态保护政策。因为制作吉他需要用到天然木材，公司非常审慎和负责地使用这些传统的天然材料，并鼓励引入可再生的替代木材品种。基于对顾客的研究，马丁吉他公司向市场推出了采用表面有缺陷的天然木材制作的高档吉他，然而，这在其他厂家看来几乎是无法接受的。

马丁吉他公司将新老传统有机地整合在一起。虽然设备和工具逐年更新，雇员始终坚守着高标准的优质音乐原则，所制作的吉他要符合这些严格的标准，要求雇员极为专注和耐心。家庭成员弗兰克·亨利·马丁在 1904 年出版的公司产品目录的前言里向潜在的顾客解释道："怎么制作具有如此绝妙声音的吉他并不是一个秘密。它需要细心和耐心。细心是指要仔细选择材料，巧妙安排各种部件。关注每一个使演奏者感到惬意的细节。所谓耐心是指做任何一件事不要怕花时间。优质的吉他是不能用劣质产品的价格制作出来的。但是谁会因为买了一把价格不菲的优质吉他而后悔呢？" 100 年过去了，这些话仍然是公司理念的表述。虽然公司深深地植根于过去的优良传统，现任首席执行官马丁却毫不迟疑地推动公司朝新的方向发展。例如，在 20 世纪 90 年代末，他做出了一个大胆的决策，开始在低端市场上销售每件价格低于 800 美元的吉他。低端市场在整个吉他产业的销售额中占 65%。公司 DXM 型吉他是 1998 年进入市场的，虽然这款产品无论外观、品位和感觉都不及公司的高档产品，但顾客认为它比其他同类价格的绝大多数吉他产品的音色都要好。马丁为他的决策解释道："如果马丁公司只是崇拜它的过去而不尝试任何新事物的话，那恐怕就不会有值得崇拜的马丁公司了。"

马丁吉他公司现任首席执行官马丁的管理表现出色，销售收入持续增长，在 2000 年接近 6 亿美元。位于拿撒勒市的制造设施得到扩展，新的吉他品种不断推出。雇员们描述他的管理风格是友好的、事必躬亲的，但又是严格的和直截了当的。虽然马丁吉他公司不断将其触角伸向新的方向，但却从未放松过对尽其所能制作顶尖产品的承诺。在马丁的管理下，这种承诺绝不会动摇。

思考及讨论

（1）根据卡茨的三大技能理论，你认为哪种管理技能对马丁四世最重要？说出你的理由。

（2）根据明茨伯格的管理者角色理论，说明马丁分别扮演什么角色？解释你的选择。

A. 当马丁访问马丁公司世界范围的经销商时。

B. 当马丁评估新型吉他的有效性时。

C. 当马丁使员工坚守公司的长期原则时。

（3）马丁宣布："如果马丁公司只是崇拜它的过去而不尝试任何新事物的话，那恐怕就不会有值得崇拜的马丁公司了。"这句话对全公司的管理者履行计划、组织、领导和控制职能意味着什么？

（4）马丁的管理风格被员工描述为友好、事必躬亲，但是严格和直截了当。你认为这意味着他是以什么方式计划、组织、领导和控制的？你认为这种管理风格对其他类型的组织也有效吗？说明你的观点。

（八）雪佛兰经理的商业选择

雪佛兰公司于1959年推出柯尔瓦汽车。该车特点是引擎后置，后轮驱动设置，车轴加长，设计简单，生产成本更低，给美国消费者提供了一款支付得起的赛车。

这种设计有先天性缺陷，在急转弯时会使外轮向下挤压而引起转向困难，只有有经验的驾驶员才会妥善处理，而该车的销售对象则为热爱飙车的年轻人。

该车在投入生产前也曾在试验场地进行试车，并且有工程师对此车的缺陷提出质疑，但遭到雪佛兰分公司主管的拒绝，因为他已经"被生产美国第1辆现代的后置引擎汽车的念头搞得走火入魔"。汽车推出后，通用的老对手福特汽车公司对该车进行了研究，也发现了公司先前发现的问题，并提出了建设性意见，同样没有被雪佛兰公司采纳。

由于设计新颖，该车在上市当年（1960年）就销售了近23万辆，10年间共销售170多万辆，是当时成功的车型之一。在热销的同时，该车的安全隐患引起了前所未有的交通事故和争议。有数百起交通事故受害者及家属起诉通用公司，绝大多数以庭外和解的方式结案。

在1964年之前，公司一直拒绝为增强该车安全性而采取任何措施。1965年，公司一名股东建议通用召回该车加装稳定部件，公司以成本过高（约2500万美元）而再次拒绝。

拉尔夫·内德撰写的《任何速度都不安全》一书，揭露了柯尔瓦车的内幕并支持受害者起诉通用汽车公司，从而使该车的情形为公众所熟知。事件被曝光后，通用公司采用收买、威胁、骚扰等方法对付内德，内德勇敢地面对通用的各种卑劣手段并成为公众心目中的英雄，而通用则因顽固不化而使公司形象严重受损。

事件曝光后，柯尔瓦销量锐减，从年销售 20 多万辆到最后销售几千辆，直至被迫停产。通用在美国的市场份额迅速被来自欧日的竞争对手所蚕食。该事件后，美国政府制定了《交通安全法案》并被国会通过。根据该法案，汽车制造商有义务召回有缺陷的产品，否则将承担巨额赔偿和罚款。

思考及讨论

（1）如果你是柯尔瓦分公司的工程师，你有充分的理由相信汽车不安全，但上级管理人员对你的担忧无动于衷，你该怎么办？

（2）如果你是柯尔瓦分公司的经理，严格的绩效考核使你承受了巨大的压力，你会如何取舍？

（3）如果你是通用的总裁，你想向你的员工灌输更多关心消费者的理念，你会采取哪些措施？

（4）当伦理原则与企业绩效目标发生冲突时，你觉得该如何处理？

四、寓言故事中的"管理"

老狼训子

老狼的三个孩子逐渐强壮起来了，但离"长大成狼"还有一步之遥，因为它们还没有学会捕猎。一个晴朗的早晨，老狼决定带着三个孩子去草原深处训练它们捕猎的本领。

草原深处有的是兔子、黄羊及野驴，那是这个狼的家族取之不尽的食物仓库。之前，小狼们从来没有走出过这么远，它们不停地东张西望。老狼便问老大："你在看什么？"

老大说："草原深处真美，我从来没见过这么美的地方。"老狼摇了摇头，没说什么。

过了一会儿，它问老二："你在看什么？"老二说："我在看草原上有没有狮子和老虎。"老狼摇了摇头，也没说什么。

接着它问老三："你看到了什么?"老三说："我看到这里有很多兔子、黄羊和野驴,够我们抓好长时间的。"老狼高兴地说:"你很快会成为一只真正的狼!"

思考及讨论

结合管理的定义与本质,讨论目标(结果导向)对管理的重要性。

五、历史故事中的"管理"

(一) 小偷退齐兵

子发是楚国的一名将领,他很注意有一技之长的人,善于利用这些人的长处来为自己服务。楚国有一位擅偷窃的人听说了这件事,便去投靠子发,小偷对子发说:"听说您愿起用有技艺的人,我是个小偷,以前不务正业,如果您能收留我,我愿为您当差,以我的技艺为您服务。"子发听小偷这么说,又见他满脸诚意,很是高兴,连忙从座位上起身,对小偷以礼相待,竟连腰带也顾不上系上,帽子也来不及戴端正。小偷见子发非常真诚,简直受宠若惊。

适逢齐国兴兵攻打楚国,楚王派子发率军队前去迎战齐兵。连续交锋三次,楚军都败下阵来。军帐内,子发召集大小将领商议击退齐兵的策略,将领们想了很多计策,个个忠诚无比,可是对击溃齐兵却一筹莫展,而齐兵则愈战愈勇。

面对紧张的形势,那个小偷来到帐前求见,主动请缨。小偷说:"我有个办法,请让我试试吧。"子发同意了。夜间,小偷溜进齐军营内,神不知鬼不觉地将齐军将领的衣服偷了回来,回到楚营交给子发。子发派了一个使者将衣服送还齐营并对齐军说:"我们有一个士兵出去砍柴,得到了将军的衣服,现特地来送还。"齐兵面面相觑,目瞪口呆。

第二天,小偷又溜进齐营,取回齐军将领的枕头,子发又派人送还。第三天,小偷再次进入齐营,取回来齐军将领的发簪。子发第三次派人将发簪送还。这一回,齐军首领惊恐万分,不知所措。齐军营中议论纷纷,各级将领大为惊骇。于是,齐军首领召集军中将士们商量对策。首领对大家说:"今天再

不退兵，楚军只怕要取我的人头了！"将士们无言以对，首领立即下令撤军，齐军终于退兵。楚营内大大嘉奖了那个立功的小偷，众将士无不钦佩子发的用人之道。

思考及讨论

（1）从管理的角度来看，楚军的目的是什么？

（2）试分析楚军退兵的效率和效益。

（二）吴牛问喘

汉代有一位叫丙吉的宰相，在外出巡视的过程中，遇到了一桩杀人案件。丙吉并没有表现出很关心的样子，只嘱咐人到县官那儿去告就是了，人们都不很理解。

后来，他看到一头牛在路边不停地喘气，立即停下来仔细调查。随从觉得奇怪，问为什么人命关天的事他不理会，却关心牛的性命。丙吉说，路上杀人自有地方官吏去管，不必我去过问，而牛喘气异常，就可能引发瘟疫等关系民生疾苦的问题，这些问题地方官吏和一般人又都不太注意，因此我要查清楚。

丙吉讲完，随从恍然大悟，貌似重要的事，也许并不需要宰相大人亲自处理；貌似不重要的事，恰恰是宰相大人需要留心关注的。这也许就是管理的艺术吧。

思考及讨论

（1）谈谈您对管理的科学性与艺术性的理解。

（2）谈谈对管理例外原则的理解。

六、影视作品中的"管理"

选自《欢乐颂》第 11 集，曲筱绡在新公司对员工讲话的内容。

曲筱绡为开展 GI 代理业务成立了一家新公司，画面中曲筱绡不时地与公司员工互动交流，最后曲筱绡郑重其事地在员工面前说了如下的话：

"好了，行了，今天就到这了。我们只是一个刚起步的小公司，没有那么多的条条框框。我也不希望看到你们在我面前演勤奋。该吃饭吃饭，该休息休息，迟到早退我也不管，我只看结果，我交代给你们的事情必须完成好！"

"我这个小公司，养不起闲人。工作做得好，你就是菩萨，我保证好吃好喝地供着你。工作做得不好，就是每天晚上加班加到 10 点，我也一样炒了你。"

"既然来到同一个公司，我们就是一条船上的战友了。这次能拿下 GI 项目，全靠各位齐心协力。今天我在楼下的饭店订了一个包厢，我请客，大家一起来啊。"

思考及讨论

（1）结合案例谈谈对"管理"定义的认识。

（2）结合案例中曲筱绡所表达的观点，对一个管理者来说，你认为是态度重要还是结果重要？

七、管理学总论小游戏——无声创意搭塔

（一）游戏目的

理解管理的目的、团队合作以及协调配合、团队决策、创新、有效沟通等概念，体会如何以团队的形式完成任务。

（二）游戏与道具

彩色复印纸，色彩尽量丰富，A4 或 B5 均可，平均每组 20 张；每组一把剪刀；透明胶带一卷；黑笔或其他彩笔若干支；讲师可准备背景音乐，在学生搭塔期间播放来协调气氛。

（三）规则与程序

（1）给团队成员分组，每组 6~8 个人为宜。

（2）小组成员通过共同的创意完成一幅作品，正式开始搭建后不允许说话，不能进行语言交流，但可以通过非语言方式进行沟通与交流。

（3）在正式开始之前，每组有 10 分钟的交流时间。在这 10 分钟之内，组员之间可以畅所欲言，充分商讨如何搭塔、如何赋予塔的意义等。正式搭建开始之后，所有学生停止讲话，进入无声状态。

（4）正式搭塔开始，时间是 20 分钟，完成小组先前讨论的作品，并将小组的命名标识在塔上。已完成的小组耐心等待其他小组搭塔，不讨论、不支招、不干扰。

（5）各组完成之后，派一个小组成员作为代表介绍小组作品，介绍作品的特色，以及建造过程的心得、感受等。代表讲完之后，其他小组成员可以补充。

（6）全体成员进行投票，投票规则是：每人一票、不准弃权、不准投自己。

（7）请获奖的团队派代表发表获奖感言。

备注：老师要设计一个规范的投票票面，避免学生违背投票规则投票。

第二节　管理学总论综合实训

一、管理学总论实训目的

本章教学目的是让学生理解管理的基本概念，包括管理的定义、效益与效率、管理者的技能、管理者的角色、管理的基本职能、管理特征、管理的本质等。本实训的主要目的则是通过现场访谈调研，让学生以近距离、面对面的方式获得与上述概念相关的访谈材料，从而加深对这些概念的理解，为后续章节的学习奠定认识与实践基础。

二、实训任务及要求

（一）实训任务

与管理者面对面。

（二）实训要求

（1）选择一名工作 10 年以上的管理者，与其进行 1.5 个小时的访谈调研。

（2）访谈的内容围绕其工作经历、工作岗位、工作职责、工作经验、上下级关系、工作中的难题、工作面临的挑战及工作要求的技能展开。通过上述问题的展开，加深对管理定义、管理者技能、管理者角色、管理职能、管理的特征以及管理本质的理解。

（3）保留访谈原始资料。在征得管理者同意的前提下，对访谈过程进行录音或录像。

（4）了解背景资料。为了保证访谈的顺利进行，在确定访谈调研对象之后，学生应提前了解并搜集被访对象所在企业及行业的信息。

三、实训成果

（一）访谈提纲

学生在进行调研访谈前应先设计访谈提纲。访谈提纲的内容应围绕着本章所学的主要内容，并兼顾访谈的可操作性。如有可能，访谈提纲的设计要与被访对象交流与确认。

（二）访谈记录

对访谈过程的录音、录像进行文字整理，形成访谈记录。访谈记录要求完整、准确，尽量做到与原始材料相一致。

（三）分析报告

在整理访谈记录的基础上，结合本章的主要理论知识，撰写访谈记录的分析报告。报告格式要规范，报告内容要体现个人的认识与理解。

（四）访谈的证明性材料

访谈的证明性材料包括：①访谈过程的录音或录像；②访谈前后的沟通邮件、微信截图；③访谈现场的照片等。

四、实训成果评价标准

表 1-2 实训成果评价标准

评价内容	评价标准	比例（%）
访谈提纲	提纲内容的完整性	10
访谈记录	访谈记录的完整性与规范性	20
分析报告	格式的规范性	15
	访谈材料与理论结合的有机性	10
	见解的独特性	35
证明材料	证明材料的完整性	10

五、实训场地

适合与管理者访谈调研的任何场所，比如被访对象的办公地点、咖啡厅或其他适宜的地方。

第二章

决策活动

第一节 决策活动知识点练习

一、决策活动思维导图

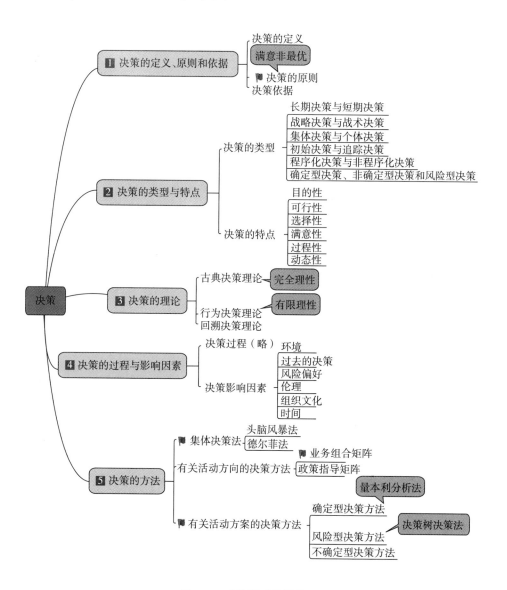

图2-1 决策活动思维导图

二、决策活动测试

个人决策能力测评

每一次都做出正确的决策实际上是不可能的。然而，采取正确的决策方法、技术以及工具可以增加做出正确决策的机会。下面的自测题可以帮助你评估自己的决策能力。答题时应尽可能客观。

选择 1 代表"从不"；选择 2 代表"经常不"；选择 3 代表"经常是"；选择 4 代表"总是"。

（1）我能及时做出决策，并及时地实施它。（　　）

（2）决策前我能仔细而全面地分析情况。（　　）

（3）我把不必亲自做出的决策交给其他人去完成。（　　）

（4）我能将理智和创新结合起来做出决策。（　　）

（5）我能在开始决策前分析决策的类型并做出相应决策。（　　）

（6）我能根据自己对利益关系人价值观（原则）的理解来获得身边的人对决策的支持。（　　）

（7）我能根据二八原则来确定优先因素。（　　）

（8）对战略性（意义重要的）决策（重要）我会花大力气对待。（　　）

（9）在决策过程中我会最大限度地寻求别人参与。（　　）

（10）在完成一个正确决策的过程中，我会向合适的人选咨询并争取获得他们的帮助。（　　）

（11）对自己及竞争对手的 SWOT（优缺点、机会和威胁）各个方面进行全面分析。（　　）

（12）我能用挑战性、创新性的方法来剔除旧的观点。（　　）

（13）我鼓励大家团结协作而不是各自为战。（　　）

（14）我在会议之前认真地准备方案，也鼓励其他人这样做。（　　）

（15）我能根据最终的目标客观地分析和评估所有可选方案。（　　）

（16）我能尽可能地从所在集体（或团队）内部和外部收集各种有用的信

息。（　　）

（17）我会考虑实施决策的计划及决策的效果。（　　）

（18）在分析结果时，我能客观地判断每种方案成功的可能性。（　　）

（19）在合适的时候，我会运用计算机帮助我进行决策。（　　）

（20）我会努力降低风险，但是在有把握的时候冒点风险也是必要的。（　　）

（21）我会实事求是地决策，而不考虑决策提出者与自己的利害关系。（　　）

（22）我会采用不同的情景设计来完善预测，并测试计划的计划性。（　　）

（23）在整个决策的过程中，我会仔细寻求他人的支持。（　　）

（24）在制订行动计划时，我会要求所有的人都参与进来。（　　）

（25）我会指定一个特定的人选对某个具体的行动负责。（　　）

（26）我与伙伴们公开地、真诚地并尽可能及时地交换对决策的看法。（　　）

（27）我会努力鼓励他人对决策提出反对意见。（　　）

（28）我会在适当的地方设置监督系统，并利用它们来检测进展的情况。（　　）

（29）在一个项目完成之后，我会回顾行动过程以期发现和吸取经验教训。（　　）

（30）我会将做出的决策解释清楚，并努力使其他人理解它。（　　）

（31）我会对自己引荐到集体（团队）中的成员行为负全部责任。（　　）

（32）我会努力使每一个会议（面对面沟通）都有明确的结论和决策。（　　）

三、决策活动案例

（一）"剩女"是如何剩下的

"剩女"近年来已成为一个被广泛关注的社会现象。到底什么是"剩女"呢？网络上流传一个段子：25~27岁被称为初级剩女，又称"圣（剩）斗士"；28~31岁被称为中级剩女，又称"必胜（剩）客"；32~36岁为高级剩女,又称"斗战胜(剩)佛";36岁以上被称为特价剩女,又称"齐天大圣(剩)"。其实很多所谓的剩女个人条件都非常不错,俗称"三高",即高学历、高职位、高收入。经济越发达,剩女现象越严重,网上有传言,仅北京市就有近50万剩女。在男女婚姻的市场中,这么多优秀的女士又是怎么被剩下的呢?原因有很多,但不可否认的是,部分女士的择偶观可能也有偏差。哪些择偶观会对结婚产生影响呢?下面两种情形可能会对结婚产生不利的影响。

一是都希望选择比自己强的男士。如果按照自身禀赋条件的好坏,我们可以将男士与女士分为A、B、C、D四类。女士在恋爱择偶的过程中,可能都希望找比自己禀赋条件好的男士,比如D女希望找C男、B男甚至A男,同样的道理,B女、C女也是同样选择。如果A女也是这样想的,则A女首先很难找到其心目中理想的男士。D女、C女和B女能否找到呢?这取决于与之交往的男士如何选择,如果这些男士希望找一个与自身禀赋条件相当的女士结婚,相应的女士很难走进婚姻的殿堂。

二是在某一方面的要求过分苛刻。有些女士在某些方面有着近乎苛刻的标准,比如身高低于170厘米的不考虑,将来跟父母同住的不考虑,不喜欢小动物的不考虑,没房没车的不考虑,没有××地方户口的不考虑,祖籍是××省的不考虑……这些某一方面的苛刻条件很有可能会排除特别合适的结婚对象,从而丧失结婚的可能性。

怎么能顺利走进婚姻的殿堂呢?微信里有一个段子是这样描述的:像朋友一样聊得来,大体诚实,养得起你,优点你喜欢,缺点你能接受,自然相处,不再伪装,差不多就可以了。

思考及讨论

请用决策的基本原则来讨论上述案例。

(二)招生处长的专业选择工具

某大学召开系主任会议,讨论下学年各专业的招生计划,因为招生多少会直接影响到各系的排名及教师的福利,所以大家都希望本系能多招生,但招生指标有限,所以竞争十分激烈。这时,学生处张处长发言了,大家静了下来,只见他走到黑板前,画了一幅图。

张处长说:"这张图叫波士顿矩阵,用它可帮助我们分析哪些专业该扩张,哪些专业该减少招生。"接着,他根据人才市场的调查,对各专业毕业生最近两年就业率做了统计。然后,他又列举了其他高校相关专业的平均就业率,高于平均就业率的归为一类,低于平均就业率的归为另一类。然后,他又把各系的师资数量、师资的职称和学历情况、科研水平进行了比较,高于学校平均水平的归为一类,低于平均水平的归为另一类。各专业情况如下:中文、数学等专业师资力量很强,远远高于学校平均水平,和国内兄弟院校同类专业相比也不落后,但人才需求不是很旺盛,学生就业率接近平均就业率;英语专业,师资力量很强,人才需求也很旺盛,学生就业很抢手,学生就业率远高于平均水平;电子商务和国际贸易专业是新办专业,市场上人才需求比较旺盛,但由于师资力量不强,教学工作暴露出一些问题,如教学大纲相互重叠、课程前后衔接不合理等;国际关系和历史专业,师资力量不是很强,学生的市场需求也不是很大,学生就业面临很大的压力。

这样,张处长介绍完了之后,就把高校的上述专业分成了明星专业、金牛专业、问题专业和灰狗专业。讲到这,各系主任一头雾水,张处长葫芦里卖的是什么药?

思考及讨论

(1)波士顿矩阵将企业的业务划分为哪四种类型?案例中各个专业分别属于哪种类型?

(2)对上述四种专业类型该采取什么措施?

(三)两支救援队

某地发生地震,各地的救援队伍纷纷赶到地震灾区实施救援。甲救援队由1名专家和19名普通救援队员组成;乙救援队由5名专家和15名普通救援队员组成。

甲、乙两支救援队几乎同时到达灾区,同时展开救援行动。在巡查过程中,两支救援队分别在两处废墟中发现了生命的迹象。两处废墟结构、堆积情况基本相同,生命在废墟下面的具体情况也基本相同。

甲救援队的专家在仔细分析废墟结构后,立即组织队员从正面开始挖掘。

几个小时后，队员们终于挖开了一个有生命存在的空间的小缺口。从这个缺口处虽然能够与被困者进行交流，但还无法把被困者救出。于是队员们从缺口将水和食物递送给被困者，并鼓励被困者一定要坚持住，相信大家一定能把他救出来。专家仔细观察了挖通缺口的结构，认为这一缺口如果进一步扩大便无法承担堆积在上面的建筑废料的重量，很可能引起塌陷。专家快速巡视了一下整个废墟的情况，决定减轻压在上方的重量后，再扩大挖开的缺口。做出决定后，专家立即组织队员清理废墟顶端的建筑塌陷物。又是几个小时过去了，顶端的堆积减少了一半。专家认为已经可以扩大挖开的缺口了，队员们立即动手扩大缺口。不久，被困人员被从缺口处解救出来了，队员们齐声呐喊庆祝。被困人员被运到安全地带不久，余震发生，废墟重新塌陷。

乙救援队的专家们发现生命的迹象后，也都立即对废墟的堆积状态和支撑结构进行了观察和分析。经过观察和分析，一位专家认为应该从正面打开缺口，解救被困者。他的话一出口，马上受到另一位专家的反驳，这位专家认为，从正面打开缺口上面堆积的重量很可能重新塌陷下来，他主张先从废墟顶上的堆积物开始清理。第三位专家认为，废墟顶上堆积物较厚，从顶上清理需要较长时间，废墟内生命很可能坚持不住，还是应该从正面清理。第四位专家认为，应该从左侧面开始挖掘。第五位专家认为应该从右侧面开挖……在专家们侃侃而谈、各抒己见的过程中，救援队的救援人员焦急地等在旁边，不知该从什么地方入手工作。一个半小时过去了，专家们经过争论终于统一了意见，并做出了大家都认为科学的救援方案：先从正面开始挖掘，挖一小洞与被困者联络，并给被困者传送食物和水；移除废墟顶端一部分重压物，减少因正面洞口扩大而引起塌陷；然后继续扩大正面洞口。方案出来后，队员们立即投入工作。方案应该说是很科学的，实际的挖掘情况证明了专家们方案的正确性。当方案第二步完成，正准备进行第三步扩大正面开口的时候，甲救援队已经成功地把第一位被困人员解救出来了。当乙救援队正在继续扩大正面开口的时候，一次强烈的余震使整个废墟再一次坍塌，好不容易挖出的通道被堵死了。好在通过联系，救援队发现被困人员没有受到进一步的伤害。救援队的专家们只好重新制订救援方案……

在乙救援队解救出第一位被困者时，甲救援队已经开始解救第四位被困者了。

思考及讨论

当决策中意见不一致时，应如何迅速做出决策？

（四）量本利分析法案例

（1）甲公司生产 A 产品，该产品售价 18 元，单位变动成本 15 元，企业固定费用 39000 元，在不考虑生产能力的情况下，企业生产多少件可以不盈不亏？

（2）乙公司生产 B 产品，该产品售价 10 元，单位变动成本 5 元，企业固定费用 90000 元，问：①企业保本产销量是多少？②如果该企业最大生产能力为 48000 件，则企业可获利多少？

（3）某出版社准备出版一套新教材，经测定固定费用为 40000 元，每套教材售价 10 元，单位变动成本 6 元。问：①单位保本产销量是多少套？②在预测产销量为 15000 套时，可获得多少利润？③在目标利润为 16000 元时，应产销多少套教材？

（4）某厂预测当年其丙产品销量最大为 40000 件，该厂固定费用为 400000 元，单位变动费用 12 元，单位售价 20 元，预测当年该厂的经营情况怎样？如果经营不好可采取哪些措施来改善？

（五）总经理的决策

长城照相器材厂是一家有着 20 年照相机生产历史的企业。最近企业实行改制，由国有独资企业改制为股份制企业，并通过猎头公司招聘李远担任公司的总经理。李远上任后，要求公司的发展规划部为公司的未来发展提出方案。发展规划部提出了两个方案供公司领导班子选择：一个是继续生产传统产品，另一个是生产数码相机。

根据发展规划部的分析测算，如果照相机市场需求量大的话，生产传统相机一年可获利 30 万元，而生产数码相机则可获利 50 万元。如果市场需求量小，生产传统相机仍可获利 10 万元，生产数码相机将亏损 5 万元。

根据对照相机市场所做的调研和市场分析，市场需求量大的概率为 0.8，需求量小的概率为 0.2。

以李远为总经理的公司领导班子根据发展规划部提交的方案将做出怎样的决策?

思考及讨论

(1) 运用决策树法分析和确定哪一种生产方案可使企业年度获利最多?

(2) 不同经营风格的决策者在做决策时,会有哪些方面的不同?

(六) 中洪公司该如何决策

中洪公司是一家以理财投资、理财咨询为主业的公司,公司经历了 2005 年的熊市和 2006 年的大牛市行情之后,觉得越来越难以判断 2007 年的行情,股市出现牛市、平衡市和熊市三种情况难以确定;证券市场投资前景不明朗,但公司还是决定将目前 300 万元的闲散资金投入市场。

中洪公司现有三种备选方案:第一种方案为全部投资股票;第二种方案为一半投资股票,一半投资基金;第三方案为全部投资基金。

这三种方案在不同状态下的收益如表 2-1 所示。

表 2-1　中洪公司三种方案在三种市场状态下的收益　　　　单位:万元

备选方案	牛市	平衡市	熊市
方案一	200	−20	−170
方案二	100	−10	−80
方案三	50	−1	−30

思考及讨论

(1) 按照大中取大法、小中取小法、最大后悔值最小化原则,各应该选择哪个方案?

(2) 试讨论不确定型决策与风险型决策的区别。在什么情况下,不确定型决策可以转换为风险型决策?

四、寓言故事中的"决策"

毛毛虫的决策

毛毛虫都喜欢吃苹果，有四只要好的毛毛虫，都长大了，各自去森林里找苹果吃。

第一只毛毛虫跋山涉水，终于来到一棵苹果树下。它根本就不知道这是一棵苹果树，也不知树上长满了红红的可口的苹果。当它看到其他的毛毛虫往上爬时，稀里糊涂地就跟着往上爬。没有目的，不知终点，更不知自己到底想要哪一种苹果，也没想过怎样去摘取苹果。它的最后结局呢？也许找到了一个大苹果，幸福地生活着，也可能在树叶中迷了路，过着悲惨的生活。不过可以确定的是，大部分的虫都是这样活着的，没想过什么是生命的意义，为什么而活着。

第二只毛毛虫也爬到了苹果树下。它知道这是一棵苹果树，也确定它的目标就是找到一个大苹果。问题是它并不知道大苹果会长在什么地方。但它猜想，大苹果应该长在大枝叶上吧！于是它就慢慢地往上爬，遇到枝杈的时候，就选择较粗的树枝继续爬。于是它就按这个设想一直往上爬，最后终于找到了一个大苹果，这只毛毛虫刚想高兴地扑上去大吃一顿，但是放眼一看，它发现这个大苹果是全树上最小的一个，上面还有许多更大的苹果。更令它泄气的是，要是它上一次选择另一个枝杈，它就能得到一个大得多的苹果。

第三只毛毛虫知道自己想要的就是大苹果，并且研制了一副望远镜。先利用望远镜搜寻了一番，找到一个很大的苹果。它发现当从下往上找路时，会遇到很多分杈，有各种不同的爬法；但若从上往下找路时，却只有一种爬法。它很细心地从苹果的位置，由上往下反推至目前所处的位置，记下这条确定的路径。开始往上爬，当遇到分杈时一点也不慌张，因为它知道该往哪条路走，而不必跟着一大堆虫去挤破头。如果它的目标是一颗名叫"教授"的苹果，应该爬"深造"这条路；如果目标是"老板"，应该爬"创业"这条路。按理说，这只毛毛虫应该会有一个很好的结局，因为它已经有自己的计划。但是真实的情况往往是，因为毛毛虫的爬行相当缓慢，当它抵达时，苹果不是被别的虫捷足先登，就是苹果已熟透而烂掉了。

第四只毛毛虫自认为是一只普通的虫子，觉得要想成功，做事就要有自己的规划。它知道自己要什么苹果，也知道苹果将怎么长大。因此当它带着望远镜观察苹果时，它的目标并不是一个大苹果，而是一朵含苞待放的苹果花。它计算着自己的行程，估计当它到达的时候，这朵花正好长成一个成熟的大苹果，它就能得到自己满意的苹果。结果它如愿以偿，得到了一个又大又甜的苹果，从此过着幸福快乐的日子。

思考及讨论

请用不确定型决策的方法分析案例中的毛毛虫。

五、历史故事中的"决策"

（一）李世民果断进军

隋朝末年，天下大乱，李世民看到隋朝将要灭亡，就暗中积极准备起义。他散发财物，接济贫穷，招募宾客，集聚了大量的人才，为日后谋大业准备了条件。隋炀帝十三年，李渊时任太原太守，李世民与早就意欲造反的晋阳令刘文静密谋，劝说李渊兴举义兵。李渊在考虑了利害之后，同意了李世民的建议，将自己家族的兴亡交给了李世民。当年五月，李世民设计杀掉了太原副使留守王威、高君雄二人，李渊正式宣布起义。

当时正逢阴雨连绵，李渊的军粮即将用尽，李渊与大将军府长史商议决定撤军返回太原，等准备好了再图进取。李世民听到了这个消息，立即向李渊建议说："我们本是兴大义以拯救天下百姓的，应该尽快进入京城，向天下发号施令。如果遇到了小股敌人就撤军，恐怕跟随我们起义的人会不相信我们，人心会涣散，义军就会解体。如果我们撤回太原，那仅仅是一城之池，和贼寇又有什么两样呢？又如何保全自己？"李渊仍然采取保守的态度，不采纳李世民的建议，准备撤军。

李世民眼见一般劝阻没有作用，就横下一条心，在中军帐外放声痛哭。哭声传到帐中，李渊忙召见李世民，问他为什么哭泣。李世民说："如今，我们是为伸张正义而起兵，前进则必能取胜，撤退则必然导致军队离散。如果我们的军队离散，敌人就会乘胜追击，死亡顷刻就到眼前，因此，我万分悲痛。"听了这番话，李渊才认识到问题的严重性，立即取消了撤军的命令，准备进军。

后来，李渊与李世民率军击败了霍邑守军宋老生，占领了霍邑，取得了关键性的胜利。李世民的这次决断，催生了唐王朝的建立。

思考及讨论

试用不确定型决策的方法分析案例中的各种决策。

（二）宋太祖选押伴使

南唐的徐铉、徐锴、徐熙三人在江东很有名气，都以广博的才学名扬北宋，其中徐铉的名气最大。

有一次，正赶上南唐派徐铉来按例纳贡，朝廷也要差遣一名官员伴随徐铉回到江东。满朝官员都因为自己不及徐铉善于辞令而有所忌怕。宰相赵普也难以找到合适的人选，就向宋太祖（赵匡胤）请示。太祖说："你暂且下去吧，我亲自来选择这个使臣。"

过了一会儿，太监传出旨令，宣召殿前司，把殿前侍卫中不识字的十人名单开列出来，交给太祖。太祖御笔亲自圈点了其中一人的名字，说道："这个人可以。"在朝的官员都大吃一惊。宰相赵普也不敢再请示太祖，命令使臣急速出行。

那位殿前侍卫不知道为什么要派他去做使臣，没有推辞就同徐铉前去南唐，渡过长江。行程中，徐铉高谈阔论，妙语层出不穷，像绵绵的云朵，旁观的人都惊骇异常。那位使臣不能回答，只含糊应付。徐铉不了解他的深浅，极力和他交谈。同行了几天，这位殿前侍卫始终以不说什么话来应付徐铉，徐铉感到很无聊，也就沉默不语了。

思考及讨论

结合所学知识，试讨论宋太祖选定使臣的方法。

六、影视作品中的"决策"

（一）《欢乐颂》第16集小邱游说店长和老板

1. 第一回合　小邱游说店长

小邱在跟安迪的一次交流中得到启发，可以通过开网店的方式扩大咖啡以及咖啡设备的销售。小邱想明白后连夜行动，熬了一个通宵熟悉了网店操作流程。第二天上班，小邱马上游说店长，建议店长开设网店。

小邱说："店长，开网店不需要场所，不需要增加成本，更不需要另进货。像什么咖啡豆、咖啡机、特色咖啡杯啊，只要是咱们店里卖的，都可以在网上卖。"

店长一脸不耐烦地说："我们有实体店，搞那些干什么。再说，喝咖啡是一种生活方式，到店里能享受环境和服务，谁会去网购啊？"

小邱接着说："店长，不一样的。你看，有些人，他离得远，所以过来不方便。还有些人呢，压根不想出门，他嫌麻烦。而且，我看网上那些成功的网站，一天能卖出上百件呢。"

店长有些烦躁了，"年轻人啊，就是爱瞎折腾。咖啡厅就是咖啡厅，我们不搞那些虚头巴脑的东西。有时间东看西看的，不如多学点咖啡知识，别等客人来了一问三不知。"

小邱仍然不死心，"可是，店长……"

店长没理她，转身走了。

身边一个同事上前安慰说："你别郁闷了，店长年龄大，平时很少上网，更别说网购了。我们平时上网买点东西，她都嫌拉低档次。你要开网店，她肯定不同意。"

小邱接着说："网店也有好的呀！你想，现在大家工作都这么忙，谁有时间慢慢地来喝咖啡啊。而且我觉得进店喝咖啡和开网店，这两者也没啥冲突啊！"

同事说："店长不同意，你有什么办法。她那么固执的一个人，认定的事，

你怎么说，都没用。算了，还是去干活吧!"

2. 第二回合　小邱游说老板

一天，老板来店里检查。小邱瞅准机会，马上向老板汇报起网店的事。

小邱开始游说老板："之前我一个朋友托我买咖啡，我突然有一个想法。其实咱们可以开一个网上咖啡店。你看啊，这些全都是网上找到的。我觉得是这样的，对于那些不想出门、懒的人，这很方便的。您看，这家咖啡店，它才开了一年，就卖了5000多件。还有这一家，这款咖啡都卖火爆了，3个月卖了7000多件。"

小邱还不忘跟身边的店长强调下："7000多件，7000多件。"

"我想一个咖啡，即使是几十块，成交额那也上万元了。"

老板惊讶地问："真有这么多?"

小邱说："真的，而且底下它都有很多留言呢。你就可以往下翻。你看，货真价实，假不了。"

老板有点动心了，说："你看，他们没有实体店，都能销这么多。我们有实体店，如果要是真做的话，销量一定比他们做得好。"

小邱赶紧跟上："是!"

店长在旁边说："不是。可是咱们店里没有人会弄网店啊。再说了，店里人手本来就不够。要是再弄网店，人手肯定不够。"

小邱忙说："店长，我会弄。而且我们网店先开始，顾客肯定没有那么多，我能应付得来。"

老板欣喜地看着小邱，表态可以尝试做网店。

思考及讨论

(1) 小邱第一次游说店长和第二次游说老板有什么区别?

(2) 老板和店长的决策为什么会不同? 不同的原因在哪里? 老板和店长的决策各自体现了什么决策风格?

(二) 从电视剧《蜗居》看人生决策

《蜗居》曾经是各大电视台热播的一部人生情感电视剧，是当代大学生留城奋斗史的缩影，以海萍、海藻为代表的青年一代的人生价值观在房子等物质

条件制约中产生了剧烈震荡，进而演绎出一场轰轰烈烈却又平淡真实的青春梦想。

《蜗居》的主人公和所有刚毕业的大学生一样，都面临着人生众多的决策。我们不妨静下心来看看他们是如何决策人生的。

1. 环境决策——去哪里

毕业之后去哪里，是每一个大学生最先遇到的难题。选择大城市还是小城市？留在学校所在的城市还是回老家？城市只是一个代名词，选择城市其实是选择一种生活环境。正如郭海萍选择留在江州一样，看中的是那些大广场、商业中心。不同的人选择大城市有许多理由：有繁华的商业街、有好的医疗机构和教育机构、发展机会多，等等。可是，问自己一个问题：好的就是你的吗？剧中苏淳讲：商场再好也不是你的。每个人都有一个美好的理想，希望自己拥有所有最好的东西。换句话说，希望自己能做出一个最优的选择。其实，这个非常简单的管理学问题，决策学之父西蒙早已经明确地告诉大家：最优选择是不存在的。

那么，你该如何决策？

2. 置业决策——该住哪

决定留在北京、上海这类大城市之后，下一个选择就是怎么住？租房子还是买房子？租房子更看重房租价格还是距离远近？对于租房还是买房这个问题，绝大部分人的选择是从租房子开始的，甚至在后期买房子的时候，也都是需要啃老的。很多人的意识里，置业选择需要在稳定事业的基础上再去选择。目前的置业选择其实是一种投资决策，而并不是生活归属。谁也不会在一所房子里住一辈子，你也不可能在同一个单位干一辈子。置业选择要与职业选择相分离。要搞清楚你买房子是亏还是赚，而不要仅仅考虑离单位远还是近。

那么，你该如何决策？

3. 婚恋决策——该嫁谁，该娶谁

海藻面临的选择，是很多人追求的生活梦想。调查显示，很多女生认为过上好生活的捷径就是嫁个有钱人。如果把嫁个有钱人作为你的人生目标，你该怎么做？嫁个有钱人的前提有两个，一是有钱人能看得上你，二是你得认识真正的有钱人。很多人的长相、身材、素质不行，于是放弃了；很多人交际能力差，于是也放弃了。真正拥有合适的机会，且有能力敢去面对选择的，已经寥寥无几。可以说，海藻是一个勇者。然而纠缠着她的其实不是两个男人，而是两种生活。看着姐姐生活的沉浮，海藻陷入其中不能自拔。小贝还是宋思明，把两个完全不一样的男人放在一起比较，这样的人生抉择，太难了。我的建议：婚恋决策最重要在于分析自我需求和偏好，可以做个人生需求排序。把自己认为重要的选项进行优先排序，如身高、学历、资产、家庭等，选择前三项或前五项，谁符合就选谁。都不符合，就都不选。都符合就依次接着比较。

那么，你该如何决策？

4. 职业决策——做什么

《蜗居》中，海萍夫妻最终做了职业调整，海萍从日资企业离职创办了语言培训学校，苏淳从船厂离职开网店。大学毕业时，学校号召大家先就业再择业。于是，我们面临着更多的选择。职业生涯我们该如何规划设计。一要尽量选择自己喜欢做的职业；二要做有益于个人发展的事，做好职业积累；三要适时调整职业发展目标。职业的选择不是一成不变的，随着时代的发展，很多新兴的职业正在涌现，你可以去做领跑者；随着个人知识技能的积累，你的人生价值观发生变化，职业倾向也会有所不同。总之，适合自己个性发展的就是最好的选择。如果还有些高尚的想法，那就选择能为社会做更多的贡献的职业，或许你也可以造福一方。

那么，你该如何决策？

思考及讨论

结合本章所学的决策原则、影响因素及方法，请问您该如何决策？

七、决策小游戏

（一）决策游戏1——求生决策

1. 游戏目的

（1）引导学生反思和探索自我。通过置身于危机情景的模拟，使学生反思真实的自我状态和个性特征。

（2）让学员学会决策。理解决策的信息基础，学会决策中的信息交流与沟通，界定自我与其他团队成员的关系，领会决策的原则以及决策中冲突的处理方法，以及在决策中的时间及流程管理；掌握在时间紧急的状态下有效达成一致的技巧。

（3）懂得正确地坚持与放弃。在日常生活中，我们总会面临很多抉择，当我们的抉择与他人不一致时，特别是面临复杂情景时，学会正确地坚持与妥协，促使自我成长与发展。

2. 游戏导入

电影《万劫余生》（又名《弃船》，英文名字"Seven Waves Away"）是导演理查德·萨里执导的一部海难电影。故事描述了一艘豪华邮轮遭遇海难，26名乘客挤上一艘只能容纳 12 个人的救生艇。在这危急时刻，负责安全的救生艇主人只得做出生与死的决定。形势严峻，气氛凝重，生动地反映了人海众生相。

3. 人员与场地

小组完成，每组人数 4~6 人，组数不限，室内即可。

4. 游戏道具

"求生抉择"练习表（每人一份）、笔、橡皮。

5. 情景和问题描述

情景：每个小组是一个科考团队，乘坐在一艘科考船航行在大西洋的某个海域，考察船突然触礁并迅速下沉，队长下令全队立即上橡胶救生艇。据估计，离出事地点最近的陆地有 1500 海里，出事后发现船只偏离正常航道 100 多海里，空中没有固定的航线。科考船上备有 15 件物品，另外队员身上还有一些香烟、火柴和气体打火机。

问题：因为时间紧急，可能不会把所有物品都搬到救生艇上。队长决定对这些物品按照重要性进行排序，把最重要的物品排在第一位，次重要的放在第二位，直到最不重要的第十五位。稍后按照排序向救生艇上转运物品。

决策讨论分两轮：第一轮每个学生先思考 5 分钟，形成个人排序；第二轮小组讨论，15 分钟定出一个团队排序。

练习表：

表 2-2　求生决策物品表

待排序物品	个人排序	团队排序	个人得分	小组得分
航海图 1 套				
指南针				
剃须镜				
饮用水				
蚊帐				
机油				
救生艇				
压缩饼干 1 箱				
小收音机 1 台				
10 平方米雨布				
巧克力 2 公斤				
白酒 1 箱				
钓鱼工具 1 套				
驱鲨剂 1 箱				
15 米细缆绳				

6. 规则与程序

（1）教师向学生描述游戏的情景与问题。

（2）教师向学生描述完问题后，要求学生自由选出一名组长，带领大家讨论。

（3）第一轮每个学生不要与小组其他成员讨论，自己思考和选择制订出一套求生方案。

（4）第二轮在组长的带领和组织下完成小组的求生方案。

（5）所有小组完成后由各组组长进行汇报交流小组排序，并交流团队讨论决策过程。

（6）教师展示专家排序，解释专家排序的原因。然后按照如下公式进行计算：个人排序–专家排序＝个人得分（横向相减的绝对值，再纵向相加）；团队排序–专家排序=团队得分（横向相减的绝对值，再纵向相加）。得分越少的团队，求生的希望越大。

（7）请团队成员再次分享"求生抉择"的感悟；讨论团队有效决策的方法、原则与技巧。

（二）决策游戏 2——红黑牌游戏

1. 人员组织

将学生分成 A、B 两组，两组人之间不许交流，在经过内部讨论、投票之后向对方出牌，出牌只能是红、黑两色。另备一名通讯员，用于在两组之间公布对方的出牌，通讯员必须在确认 A 组或 B 组的出牌结果有效之后，才能公布对方小组的出牌。

2. 游戏规则

（1）双方各自选择出自己的组长，由组长组织投票，统计出多少红牌、多少黑牌，以少数服从多数的方式报告通讯员小组的投票的结果。

（2）小组中，只要有一人弃权，则该次投票无效，投票的有效性由通讯员进行否定或确认。

（3）得分规则如下：如果双方都出黑牌，各得正 3 分；如果有一方为红牌，另一方为黑牌，则出黑牌方得负 5 分，出红牌方得正 5 分；如果双方都出红牌，各得负 3 分。

（4）一场游戏要进行 5 轮投票，其中第二轮和第四轮得分翻倍。一场游戏必须在 40 分钟内完成。

（5）最后的胜负规则是：累计正分最高者获胜。

（6）如有时间，可进行多场竞技。后续场次的游戏规则可根据需要进行灵活调整。

思考及讨论

在一个竞技性的情景下，如何决策才能有效获胜。

第二节 决策活动综合实训

一、决策活动实训目的

本章的主要目的是让学生掌握决策的基本概念，包括决策的定义、决策的构成要素、决策的影响因素、决策的程序、决策的类型以及主要决策方法与决策工具。本实训的目的主要是通过角色扮演（团队决策研讨）的方式让学生体验决策的过程以及基于不同价值观和立场的决策沟通，加深对决策概念的理解。

二、实训任务及要求

（一）实训任务——Beauty 4U 困境之团队决策研讨

Beauty 4U 公司是一家从事研究、开发、生产和销售天然美容产品的公司。由于近几年天然美容产品成长趋势良好，年轻的 Beauty 4U 公司也已经迅速地发展壮大。

Beauty 4U 公司的使命是：力争成为全球高品质美容产品的主要供应商。最终的成功体现在顾客满意、员工满意和股东满意上。

追求卓越品质，始终一流是公司的既定方针，目前公司资金非常短缺，现金流紧张。公司除了通过保健食品店和药店等传统渠道接触客户外，也在尝试通过线上网店和移动端销售其产品。在过去的三年里，公司已经超越了原定目标，现在正在进行 IPO（公开上市）的准备。Beauty 4U 公司在创新进取地开拓市场的同时致力于持续提升并保证产品质量，使其赢得了零售商和顾客的信赖，并且也逐渐提升了市场地位、树立了公司的形象。公司的产品包装上一直印有"你可信赖的天然产品"的字样。

最近，公司推出了一款新的面霜，经临床研究证明，该产品具有在短短几周内减少皱纹和紧缩皮肤的惊人的效果。为了该产品的推出，公司做了很多宣传和大手笔的市场预算。由于产品有较长的柜台寿命加上计划的强势销售，公司已经生产了数以十万计的产品，很快成为最畅销的产品。但是经过质量检查，发现该产品在生产中有失误，影响皮肤最重要的成分 X 因子，不小心被换成了另外一种成分 Y 因子。Y 因子将会使产品的疗效大打折扣，而且还有干燥成分使部分顾客的皮肤老化。

（二）实训要求

（1）学生们按照 4～5 个人为一个小组，分别扮演市场销售部、财务部、公共关系部、生产部、研发部等部门管理人员，如认为有需要，可增加其他的部门或管理岗位。

（2）分别从各自的部门立场形成对上述事件的部门观点。如有必要，可补充或设计案例背景以外的信息。

（3）以总经理办公会的形式讨论公司可能采取的行动，公司可以有的选择，包括但不限于以下措施：①撤下所有有质量问题的产品并用新的产品替换库存，同时宣布任何在替换之前购买的产品可以无条件免费退货；②撤下货架上的存货并用新的存货替换；③保留货架上的产品，但是替换仓库中的存货；④什么都不做，坚持，在下一个产品周期中做改变（等待剩余的存货售完）；⑤撤下并放弃该产品；⑥其他可能的方法。

（4）准备向公司更高一级的管理团队提出公司建议。

三、实训成果

（1）部门内部对该事件的分析报告。
（2）总经理办公会的讨论决策过程记录。
（3）最终形成的办公会决议。
（4）总结分析。

四、实训成果评价标准

表 2-3　实训成果评价标准

评价内容	评价标准	比例（%）
部门分析报告	分析报告的客观性与定量化	20
讨论决策过程记录	记录的完整性与讨论的深入性	30
办公会决议	办公会决议的完整性	30
总结分析	证明材料的完整性	10
格式规范	上述材料在字体、字号、行间距、逻辑顺序、突出显示、图表使用的规范性等方面的形式规范	10

五、实训场地

教室或实验室。

第三章

计划职能

第一节 计划职能知识点练习

一、计划职能思维导图

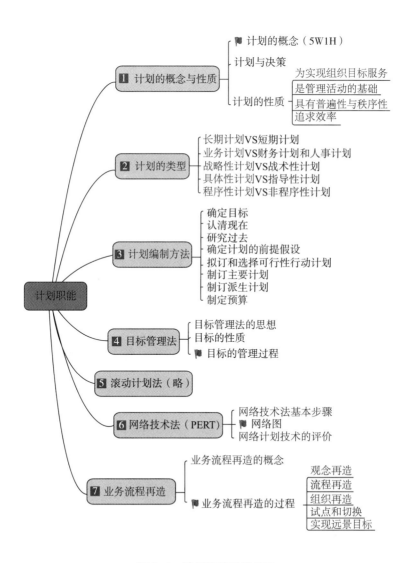

图3-1 计划职能思维导图

二、计划职能测试

时间管理能力测试

一个人的时间管理能力是计划管理的前提和保障。不能有效管理自己的时间，就不会有好的计划管理能力。以下的题目可以测试你的时间管理能力，请你根据自己在日常学习与生活中对待时间的方式与态度，选择最适合你的一种答案：

（1）星期天，你早晨醒来时发现外面正在下雨而且天气阴沉，你会怎么办？（　　）

A. 接着再睡。B. 仍在床上逗留。C. 按照一贯的生活规律，穿衣起床。

（2）吃完早饭后，在上课之前，你还有一段自由时间，你会怎么利用？（　　）

A. 休息放松一下。B. 准备学点什么，找本书随便看。

C. 按照预先定好的学习计划进行，充分利用这一段自由时间。

（3）除每天上课外，对所学的各门课程，你会在课余时间怎样安排？（　　）

A. 没有任何学习计划，高兴学什么就学什么。

B. 按照自己最大的能量来安排复习、作业、预习，并紧张地学习。

C. 按照当天所学的课程和明天要学的内容制订计划，严格有序地学习。

（4）你每天晚上会怎样安排第二天的学习时间？（　　）

A. 不考虑。B. 心中和口头做些安排。C. 书面写出第二天的学习计划。

（5）你会为自己拟定"每日学习计划表"，并严格执行吗？（　　）

A. 很少如此。B. 有时如此。C. 经常如此。

（6）你每天的休息时间表有一定的灵活性，以使自己有一定时间去应付预想不到的事情吗？（　　）

A. 很少如此。B. 有时如此。C. 经常如此。

（7）当你发现自己近来浪费时间比较严重时，你会有何感受？（　　）

A. 没有什么特别的感觉。B. 感到很痛心。

C. 感到应该从现在起尽量抓紧时间。

（8）当你学习忙得不可开交而又感到有点力不从心时，你怎样处理？（　　）

A. 开始有些泄气，认为自己脑袋笨，自暴自弃。

B. 有干劲，有用不完的精力，但又感到时间太少，仍然拼命学习。

C. 开始分析检查自己的学习时间分配是否合理，找出合理安排学习时间的方法，在有限的时间里提高学习效率。

（9）在学习时，常常被人干扰打断，你怎么办？（　　）

A. 既来之则安之。

B. 抱怨，但又毫无办法。

C. 采取措施防止外界干扰。

（10）当学习效率不高时，你怎么办？（　　）

A. 强打精神，坚持学习。

B. 休息一下，活动活动，轻松轻松，以利再战。

C. 把学习暂停下来，转换一下兴奋中心，待效率最佳的时刻到来，再高效率地学习。

（11）阅读课外书籍，怎样进行？（　　）

A. 无明确目的，见什么看什么，并经常读出声来。

B. 能一边阅读一边选择。

C. 有明确目的地进行阅读，运用快速阅读法加强自己的阅读能力。

（12）你喜欢什么样的生活？（　　）

A. 按部就班，平静如水的生活。

B. 急急忙忙精神紧张的生活。

C. 轻松愉快，节奏明显的生活。

（13）你的手表或书房的闹钟经常处于什么状态？（　　）

A. 常常慢。B. 比较准确。C. 经常比标准时间快一些。

（14）你的书桌井然有序吗？（　　）

A. 很少如此。B. 偶尔如此。C. 常常如此。

（15）你经常反省自己处理时间的方法吗？（　　　）

A. 很少如此。B. 偶尔如此。C. 常常如此。

三、计划职能案例

（一）谷歌的核心价值观

Google 公司（中文译名：谷歌）是一家美国的跨国科技企业，致力于互联网搜索、云计算、广告技术等领域，开发并提供大量基于互联网的产品与服务，其主要利润来自 AdWords 等广告服务。

Google 由当时在斯坦福大学攻读理工博士学位的拉里·佩奇（Larry Page）和谢尔盖·布卢姆（Sergey Brin）共同创建，因此两人也被称为"Google Guys"。1998 年 9 月 4 日，Google 以私营公司的形式创立，设计并管理一个互联网搜索引擎"Google 搜索"；Google 网站则于 1999 年下半年启用。Google 的使命是整合全球信息，使人人皆可访问并从中受益。Google 是第一个被公认为全球最大搜索引擎的公司，在全球范围内拥有无数的用户。2015 年 8 月，谷歌宣布重大重组，成为 Alphabet 的子公司。2015 年 11 月，谷歌重返中国将推应用商店，不与国际版连通。2015 年 11 月 4 日，谷歌无人机业务主管沃斯透露，预计能在 2017 年推出无人机送货服务。2016 年 6 月 8 日，"2016 年 Brand Z 全球最具价值品牌百强榜"公布，谷歌以 2291.98 亿美元的品牌价值重新超越苹果成为百强第一。

这么多年来，Google 公司一直以快速增长、大胆创新、积极进取并勇于承担社会责任闻名于世。这与公司设立及上市前就逐渐明晰的核心价值观密不可分。Google 公司的两个创始人和早期员工为公司制定了 10 条核心价值观。这些核心价值观是：①以用户为中心，其他一切水到渠成。②心无旁骛、精益求精。③快比慢好。④网络的民主作风。⑤获取信息的方式多种多样，不必非要坐在台式机前。⑥不做坏事也能赚钱。⑦信息永无止境。⑧信息需求没有国界。⑨没有西装革履也可以很正经。⑩没有最好，只有更好。

思考及讨论

结合 Google 公司的案例，请讨论核心价值观在公司重大决策、战略选择、经营策略选择上的作用。

（二）从苹果公司在华设立研发中心看中国的手机市场行业

2016 年的手机市场注定是不平常的一年：三星 NOTE7 出现爆炸事件并宣布召回，声誉受损，全球销量急跌；苹果公司的 iPhone 7 表现也相对低迷，第三季度在美国市场和中国市场的销量分别下降了 8.5% 和 31%，全球市场占有率从 13% 跌至 11.5%。中国手机品牌商之间的竞争可谓几家欢乐几家愁，华为异军突起，已占据全球第三的位置，P9 和 mate 9 的表现相当抢眼，与苹果公司的市场份额差距从 5.3% 缩小到了 2.8%，距离夺下世界第二之位只有一步之遥。Vivo 和 OPPO 手机的表现也相当出色，销售量实现翻番。相对而言，前两年风生水起的小米手机和联想手机则表现相当低迷，呈现衰退的趋势。

面对相当不利的市场环境，尤其是在中国市场销量的大滑坡，苹果公司决定逆势而动，加大在华的投资。最新消息显示，苹果公司准备在华设立两个研发中心（北京中心和深圳中心），试图通过加大在中国的投资（或赌注）来扭转其在中国市场的颓势。现在假如您是苹果公司大中华区的负责人，公司董事会请您在下一次董事会议上做一次报告，报告内容是介绍中国手机行业的市场（竞争状况）。

结合管理学课程所学的竞争力分析工具，做一个中国手机行业的行业竞争分析及经营策略。

思考及讨论

（1）请用迈克尔·波特的五力模型工具分析苹果手机在中国所面临的行业竞争环境。

（2）运用 SWOT 分析法分析苹果手机在中国市场的优势、劣势以及面临的机会与威胁，并根据内外部环境的具体情况提出相应的发展策略。

（三）圣邦液压——忠诚是一种特殊的差异化

如果有机会让自己的公司实现多元化，尤其是在事关制造型公司生命的销售市场有更多的销售机会时，你会如何选择？

圣邦液压有限公司董事长姜纬的选择是：坚守单一客户。从 1998 年的十几个人的小厂开始，到 2008 年公司规模达到 800 多人，年销售额突破 3 亿元，圣邦液压的销售额全部来自唯一的客户徐工集团。

十年间，姜纬在是否坚持单一客户上也有挣扎，也多次面临大额订单的诱惑，但在姜纬头脑中坚定的是：忠诚也是一种品牌，不单对徐工是这样，对其他大企业也是如此。企业将来可能会死在单一上，但目前这十年多的生存和发展的原动力，也都来自徐工。

1. 提高门槛

1998 年开始给徐工做配套的时候，姜纬可能没有想到，此后徐工会是自己唯一的客户，直到今天成为其 A 级供应商。

徐工是整车制造企业，圣邦液压主要是为徐工的起重机配套生产液压元件，合作关系属于"配套服务"。有时候，与配套及唯一相伴的，往往是更大的风险和更苛刻的条件。但姜纬并不这样看，他说自己最擅长也是最得意的能力就是把这种危险和苛刻化作自己的竞争优势，从而把竞争对手抛在身后。

最初给徐工提供液压元件的企业有 10 多家，圣邦并不处于领先地位。但姜纬与其他企业的不同之处在于，对于徐工每一次对液压元件提出苛刻的技术和质量要求，他都不恼怒，反而更高兴，即使整夜不眠，休息不好，也要调动自己所能调动的一切力量来满足徐工的要求。

结果是，每一次技术升级和标准提高，都会淘汰一家供应商，但这家企业不会是圣邦。十年下来，技术门槛越来越高，就只剩下圣邦一家企业了。

有同行说这是无心插柳柳成荫，但姜纬却认为，一方面可以说是徐工在不断提高标准；从另一方面来讲，也可以说是圣邦以守为攻，最终的结果就是以技术优势把竞争对手抛在身后。"你可以把这种唯一供应商看作极大的风险，但也可以看作企业长久发展的保障。因为对圣邦是唯一的，对徐工也同样意味着唯一。如果明天徐工想换掉圣邦，代价可能一点也不比圣邦小。"姜纬说，在液压传动领域，一个供应商与整车的磨合是需要时间的，有的甚至需要长达四五年的时间才能达成默契。一如传动领域的齿轮一样，圣邦和徐工就处在这样一个高度协同的默契状态。

这个时候，忠诚就成了品牌，成了相互合作的基石。在圣邦发展的过程中，有一件事情让徐工颇为感动。徐工的竞争对手三一重工为了缩短研发配套产品的时间，曾直接找到姜纬，希望圣邦能够销售给自己与徐工一样的产品，然而面对这个大额订单，姜纬却拒绝了。姜纬认为，现在企业竞争争取的都是时间，时间就是金钱。自己已经与徐工合作多年，拒绝就是为了维护徐工的利益。三一再找其他企业合作，可能至少需要数年的时间才能达到圣邦目前产品的水平。拒绝三一这件事，不但显著增强了圣邦与徐工之间的信任度，也使圣邦在业界的大客户集团中树立了口碑和品牌。

2. 吃得饱的增长

虽然拒绝其他大客户在外界看来是圣邦对徐工的回报，但对内部来说，也有一个原因：企业的能力有限，产能恰恰只能满足徐工。由于客户单一，圣邦的销售额一直都非常稳定，因为整车企业会提前一年制定好全年的生产计划，作为配套企业的圣邦只需按订单安排自己的生产就可以了。"干什么都一样，还不如就集中在自己最擅长的液压元件上。"姜纬在记者采访时表示，目前企业生产的产品品种少、数量大，生产成本和物流成本都很低，而且也不用配备销售部门，销售成本也降至最低。这些年，企业再投资扩大的产能，基本上都被徐工自然增长的生产规模给消化掉了，也不用专门去开拓新的市场。

姜纬说，这也符合他自己的做人原则：只看中可以吃得饱的增长。在起重机液压元件生产领域，圣邦已经是"隐形的冠军"，技术也很领先，但液压元件与配套企业的磨合非常重要，快的也要几个月，慢的甚至需要几年。几年的时间，双方都付出了时间成本、财务成本，当然都不会轻易地否定掉对方。当然，姜纬介绍，作为 A 级供应商，也会享受到其他供应商享受不到的好处，比如货到付全款、优先使用徐工研发的新技术等。

不过，风险小不等于没有风险，每家企业都必须有危机意识。2008 年 9 月，金融危机的冲击使徐工的生产一度下滑，圣邦也感到寒意阵阵。直到 2009 年春节过后，才开始恢复。如果危机持续的时间更长，企业该如何应对？

2009 年 9 月底，圣邦特别赶到上海参加了由世界著名的工业展主办企业德国汉诺威展览公司主办的亚洲传动展，虽然并不急于寻找到新的客户，但姜纬的目的是展示圣邦忠诚这个品牌。"将来我们可能会打破只有徐工一家客户的状况，但新客户肯定不是与徐工在同一领域内竞争的企业"。

2009 年，姜纬预计圣邦最终销售额将达到 4.2 亿元，仍全部来自徐工。

思考及讨论

（1）根据迈克尔·波特的一般竞争战略，请问圣邦液压采用了哪种战略类型？该战略具有什么特点？

（2）结合案例说明，企业实施该战略需要具备何种核心能力？有什么优缺点？

（四）办公楼的施工过程

假定你要负责一座办公楼的施工过程，你必须决定建这座办公楼需要多长时间。表 3-1 概括了主要事件和你对完成每项活动所需时间的估计。

表 3-1 办公楼施工事件、期望时间及紧前事件一览表

事　件	期望时间（周）	紧前事件
A. 审前设计和批准动工	10	—
B. 挖地基	6	A
C. 立屋架和砌墙	14	B
D. 建造楼板	6	C
E. 安装窗户	3	C
F. 搭屋顶	3	C
G. 室内布线	5	D, E, F
H. 安装电梯	5	G
I. 铺地板和砌墙板	4	D
J. 安装门和内部装饰	3	I, H
K. 验收和交接	1	J

思考及讨论

（1）请绘制该项任务的关键路线图。

（2）根据上述关键路线图，请确认完成该项任务的最短时间。

(五)目标管理法为何失灵

A公司自2008年7月开始实行目标管理,当时属于试行阶段,后来由于人力资源部人员的不断变动,这种试行也就成了不成文的规定执行至今,到现在运行将近一年的时间了。应该说执行的过程并不是很顺利,每个月目标管理卡的填写或制作似乎成了各个部门经理的任务或者说是累赘,总感觉占了他们大部分的时间或者说是浪费了他们许多的时间。每个月都是由办公室督促大家写目标管理卡。除此之外就是一些部门,例如财务部门的工作每个月的常规项目占据所有工作的90%,目标管理卡的内容重复性特别大。另外,一些行政部门的临时性工作特别多,每个月之前很难填写好他们的目标管理卡。

A公司目标管理的程序如下:

1. 目标的制定

(1)总目标的确定。

上一年末,公司总经理在职工大会上作总结报告,向全体职工讲明下一年度大体的工作目标。然后,在年初的部门经理会议上,总经理和副总经理、各部门经理讨论协商确定该财年的目标。

(2)部门目标的制定。

每个部门在前一个月的25日之前确定出下一个月的工作目标,并以目标管理卡的形式报告给总经理,总经理办公室留存一份,本部门留存一份。目标分别为各个工作的权重以及完成的质量与效率,由权重、质量和效率共同决定。最后由总经理审批,经批阅以后方可作为部门工作的最后得分。

(3)目标的分解。

各个部门的目标确定以后,由部门经理根据部门内部具体的岗位职责以及内部分工协作情况进行分配。

2. 目标的实施

目标的实施过程主要采用监督、督促并协调的方式,每个月中旬由总经理办公室主任与人力资源部绩效主管共同或是分别到各个部门询问或是了解目标推进的情况,直接与各部门的负责人沟通,在这个过程中了解项目进行到什么地步,哪些项目没有按规定的时间、质量完成,为什么没有完成,并督促其完成项目。

3. 目标结果的评定与运用

（1）目标管理卡首先由各部门的负责人自评，自评过程受人力资源部与办公室监督，最后报总经理审批，总经理根据每个月各部门的工作情况，对目标管理卡及自评进行相应的调整。

（2）目标管理卡最后以考评得分的形式作为部门负责人的月考评分数，部门员工的月考评分数的一部分来源于部门目标管理卡。这些考评分数作为月工资发放的主要依据之一。

但是，最近部门领导人大多反映不愿意每个月填写目标管理卡，认为这没有必要，但是部门员工明显在执行过程中能够了解到本月自己应该完成的项目，而且每一个项目应该到什么样的程度是最完美的。还有，在最近一次与部门员工的座谈中了解到，有的部门员工对本部门的目标管理卡不是很明确，其中的原因主要就是部门的办公环境不允许把目标管理卡张贴出来（个别的部门），如果领导每个月不对本部门员工解释明白，他们根本就不知道他们的工作目标是什么，只是领导叫干什么就干什么，显得很被动……可是部门领导如今不愿意做目标管理这一块，而且有一定数目的员工也不明白目标管理分解到他们那里的应该是什么。

目前人力资源部的人数有限，而且各司其职。面对以上存在的问题，人力资源部应该怎样处理？

思考及讨论

（1）A公司的目标管理总体上存在哪些问题？

（2）显然A公司的部门管理者不支持目标管理，为什么会出现这样的问题？

（3）为什么会出现"员工不知道他们的工作目标是什么，领导叫干什么就干什么"的情况，这个问题该如何解决？

四、寓言故事中的"计划"

(一) 狼王的计划

一只身强体壮的年轻公狼终于战胜了来自狼群内部的所有对手，顺利地登上了狼王的宝座。做了狼王之后，它更加勤勉，除了带领大家觅食、嬉戏，管理狼群内部事务之外，还组织群狼操练格斗技术、演练战斗阵型，因为在它们领地的边缘还有三个狼群虎视眈眈，伺机入侵它们的地盘。

经过狼王及群狼的努力，它们成功地发动了几次针对伺机来犯狼群的战斗，并赶走了它们，解除了这些狼群对自己领地的威胁。

领地的威胁解除了，群狼以为狼王这下可以舒一口气了，大家也不必像从前一样辛苦了，可没想到狼王的训练强度却加大了。狼王不仅严格训练群狼，自己的锻炼强度也加倍了。群狼对此很不理解，于是派代表去请教狼王。

狼王了解了大家的困惑后，便找了一个机会向大家说出了自己的看法。狼王说："我作为狼王，有两个主要职责：一是保护并扩张自己的领地，使大家生活无忧；二是保住自己的王位，尽量使自己在狼王的位置上能待得久一点，这样不仅我的许多想法可以实现，而且可以多为狼群做一点事情。虽然我现在打败了所有的竞争者成了狼王，但新的竞争者会不断出现；虽然我们现在赶走了窥视我们领地的狼群，但必然会有更强大的敌人出现。我们只有不断提高自己，才有立于不败之地的可能。我们的对手不是别人，而是自己。我们只有不断挑战自己，强迫自己提高，才能有效地保护和发展自己。"

听了狼王的讲述，群狼恍然大悟。

思考及讨论

计划制订时如何认识自己的优势与劣势？

(二) 草原王国的灾难

连续两天的暴风雪把辽阔的大草原变成了冰雪的世界。在暴风雪肆虐的两天里，草原上的居民蜗居在自己的洞里或窝里不敢出来，许多来不及躲避的居民被冻死在了雪地里，昔日美丽的大草原变得冷酷、凄凉。

在暴风雪停止的那个早晨，王国的居民想方设法走出被冰雪覆盖的居所，呼唤、寻找着自己走失的亲人。

在一座山包脚下，小马飞飞家族、老牛憨憨家族、小驴灰灰家族、小狗汪汪家族、小兔蹦蹦家族以及小羊莉莉家族的成员也都纷纷走出家门聚集在冰冷的雪地里。这几个家族因为相互照应，躲避及时，没有成员在这次暴风雪中失踪。然而，此时面对着满眼的冰天雪地，大家忧心忡忡：往后的日子该怎么过？

在大家七嘴八舌议论纷纷的时候，老牛憨憨说："我活了20多岁了，只在很小的时候见过一次暴风雪，那次的暴风雪还没有这次大，草原上很多居民都在那次暴风雪中丧生了，幸存者中的很多也因为在以后的几个月中没有粮食而饿死。我之所以能生存下来，是我家族的成员把所存的一点粮食都留给了我，希望我把家族的血统延续下去。"

小马飞飞说："虽然我们这几个家族在这次暴风雪里没有失踪成员，可是现在到处都被冰雪覆盖了，根本找不到粮草，我家的粮食只能维持两天了。看来我们虽然没被冻死，不久都会被饿死！"

听了老牛憨憨和小马飞飞的话，大家纷纷说："那怎么办呢？""我家的粮食只够吃三天了！""我们不能等死啊！""想想办法吧！"……

老牛憨憨说："唯一的办法就是离开这里！"

"对！离开这里！"

"到没有暴风雪的地方去！"

"到有粮食的地方去！"

现场一片混乱！

小马飞飞说："离开容易，可到哪里去呢？"

"往西走！""往东走！""往南走！""往北走！"……

现场越来越混乱。

小驴灰灰看到再这样混乱下去根本解决不了实际问题，只能拖延自救的时间，于是扯开他的大嗓门喊："大家不要慌，也不要乱！慌乱解决不了问题。我建议我们几个家族赶紧组织一个自救委员会，由老牛憨憨做主任，各家族出一名代表做委员，集体商讨自救问题。"

小驴灰灰的建议得到了大家的肯定，于是大家安静了下来。由老牛憨憨、小马飞飞、小驴灰灰、小羊莉莉、小兔蹦蹦、小狗汪汪组成的自救委员会开始工作了。

老牛憨憨说："看来离开这里是我们唯一的生路了！但是去哪里呢？这是我们首先要解决的问题！我建议委员会成员赶紧走到成员队伍中调查，把东、南、西、北各个方向的情况都摸清楚！15 分钟后来这里集合！"

15 分钟后，大家重新聚集到了老牛憨憨跟前。

小马飞飞说："我家族的成员中，好多都去过北边。北边和这里一样，是一望无际的草原，而且在草原中间拉着结实的铁丝网。据说那是人类的国界！"

小驴灰灰说："我和我家族的成员是从西边迁徙过来的，那里全是大的石头山，山上的草很少，也很少有人类活动！"

小羊莉莉说："我去过东边，那里很平坦，水草很好，属于人类的农耕区！"

小狗汪汪说："我也去过那里，那里的人很多！"

老牛憨憨说："我去过南边，南边是山区，山区里树木繁盛，水草肥美，虽然有人类居住、生活，但他们居住人数不多，也较为分散。"

了解了几个方向的实际情况后，大家开始认真分析，以决定逃难的目的地。大家认为，北面和这里一样都是草原，也一定被暴风雪袭击了，再加上有人类坚固的铁丝网，往北走是死路一条；西面虽然是山区，也没有人类骚扰，但山上没有多少草料、粮食，解决不了大家的实际困难；东面虽然水草肥美，但人类活动频繁，同时又是平原，大家没有躲避的地方，虽然能解决粮食问题，但面对贪婪的人类，大家会更不安全。最后，大家一致认为南面的大山里草木繁盛，虽有人类活动，但较为分散，而且有大山作为掩护，安全问题不用考虑。同时，人类在山里从事种植业，作物秸秆可以作为大家的补充食物。

于是，大家一致决定向南走。根据老牛憨憨的介绍，往南走到山里大概有七天的路程。大家又统计了各家族储存的粮食，发现只够维持四天的需求，于是委员会决定把粮食集中起来，按实际数量每天按计划供应。

一切准备就绪后，老牛家族、小马家族、小驴家族的成员把粮食背在身

上，大家走上了南下之路。可刚出发新的问题就出现了，因为积雪太深，老牛家族、小马家族、小驴家族成员行走不成问题，可小狗家族、小羊家族、小兔家族成员每走一步都是很艰难的。照这样的速度，20天也到不了山里。

于是委员会决定停下来商讨一个可行的办法。最后，小狗汪汪出了个主意，他说："我们可以用树枝做成雪橇，个头小的成员可以坐在雪橇上，粮食也可以放在雪橇上，就是要辛苦个头大的朋友们拉雪橇了！"

听了小狗汪汪的建议，大家都觉得是个好办法。于是大家找来树枝，用小马家族多年积攒下来的马尾毛扎起来，做成雪橇，把粮食放在雪橇上，小动物们也坐在雪橇上，老牛憨憨家族、小马飞飞家族、小驴灰灰家族的大力士们拉着雪橇，一路小跑向南走去。

最后，草原王国的成员们成功地来到了南面的大山中，当然中间还有很多故事发生，但他们终于躲过了暴风雪带来的灾难，来年开春，他们又成功地返回了草原。在这次迁徙过程中，大家都学到了很多东西。

我们从中可以学到什么呢？

思考及讨论

制订一个良好的计划应该包括哪些要素？

五、历史故事中的"计划"

（一）晋文公退避三舍

春秋初年，楚国日益强盛，楚将子玉率军队攻晋。同时，楚国还胁迫陈、蔡、郑、许四个小国出兵，配合楚军作战。此时，晋文公刚攻下依附楚国的曹国，知道楚晋之战不可避免。子玉率部浩浩荡荡向曹国进发，晋文公问讯，分析了形势。他对这次战争的胜败没有把握，楚强晋弱，楚国气势汹汹，他决定暂时后退，避其锋芒。对外假意说："当年我被迫逃亡，楚国先君对我礼仪相待。我曾与他有约定，将来如我返回晋国，愿意两国修好。如果迫不得已，两国交兵，我定先退避三舍。现在子玉伐我，我当践行诺言，先退三舍（古时一舍为三十里）。"他撤退九十里，已到晋国边界城濮，仗着那里临黄河、靠太行山，足以御敌。他已事先派人前往秦国和齐国求助。子玉率部追到城濮，晋文公早已严阵以待。晋文公探知楚国左、中、右三军中以右军最薄弱，右军前头为陈、蔡国士兵，他们本是被胁迫而来，并无斗志。子玉命令左右军先进，中军继之。楚右军直扑晋军，晋军忽然又撤退，陈、蔡国将领以为晋军惧怕，又要逃跑，就紧追不舍。忽然晋军中杀出一支军队，驾车的马都蒙上了老虎皮。陈、蔡军的战马以为是真虎，吓得乱蹦乱跳，掉头就跑，骑兵哪里控制得住，楚右军大败。

晋文公派士兵假扮陈、蔡军士，向子玉报捷："右军已胜，元帅赶快进兵。"子玉登车一望，晋军后方烟尘遮天，他大笑道："晋军不堪一击。"其实，这是晋军诱敌之计，他们在马后绑上树枝，来往奔跑，故意弄得烟尘蔽日，制造假象。子玉急命左军并力前进。晋军上军故意打着帅旗，往后撤退。楚左军陷于晋国伏击圈内，又遭歼灭。等子玉率中军赶到，晋军三军合力，已把子玉团团围住。子玉这才发现，右军、左军都已被歼灭，自己深陷重围，急令突围。虽然他在猛将成大心的护卫下，逃得性命，但部队伤亡惨重，只得悻悻回国。这个故事中，晋文公的几次撤退，都不是消极逃跑，而是主动退却，寻找或制造战机。

思考及讨论

(1) 在 SWOT 战略分析中，有几种策略？案例中晋文公采用的是哪种策略？

(2) 试讨论企业应在什么情形下采用上述策略。

(二) 郭子仪的未雨绸缪

唐朝大将郭子仪，曾在平定"安史之乱"中立过大功，得到皇上唐肃宗的赞赏，赐官中书令，后又晋封为汾阳郡王。朝中大臣也都很佩服他。

郭子仪的住宅在亲仁里。平时，郭子仪家的大门洞开，任人随便出入。有一次，他的部下将吏出任外镇来向他辞行，郭子仪的妻子和爱女正在梳妆，她们让郭子仪拿手巾，端洗脸水，就像使唤奴仆一样。过了几天，郭子仪的儿子们来劝他以后不要这样做。他不听，儿子们哭着说："父亲功业显赫，却不自重，不分贵贱，让外人进入内室，孩儿们认为即使是伊尹、霍光在世也不会这样做。"郭子仪笑着对他们说："你们不明白我的用意。我们家吃饭的人有一千多，马有五百匹，这都全靠朝廷的恩典才得以生存。如果高墙闭户，内外不通，万一有什么冤家罗织我们不忠的罪名，会有贪功嫉贤的坏人添油加醋将它说成事实，到那时九族诛灭，后悔就晚了。现在将四门大开，里外清楚地任人观看，即使有人要进谗言，也没有办法了。"他的儿子们听了这番话，茅塞顿开，十分信服。

郭子仪做了大官之后，拜访他的人也多了，在每次会见客人时，都有一帮侍女爱姬陪伴。有一次，手下人禀报说，有一个叫卢杞的人前来拜访。郭子仪听后，马上收敛了笑容，立即屏退了所有陪侍的妇女。留在郭子仪身边的几个儿子对此都感到很奇怪，便问父亲："以往父亲会见客人，总是姬妾满堂谈笑风生，为什么今天听说来人是卢杞，父亲便赶走了所有的妇人呢？"郭子仪告诉儿子："你们不知道，卢杞这个人生来相貌丑陋，面色发蓝，我怕妇人们见了会因此而讥笑他。卢杞为人阴险狡诈，要是有一天他得了志，怕是要为了报这一笑之仇，将咱们全家斩尽杀绝。"后来卢杞当了宰相，果然谋杀陷害了不少人，但唯独郭子仪一家例外。

思考及讨论

在制订计划和执行计划的过程中，从郭子仪未雨绸缪的典故中你能得到哪些启示？

六、影视作品中的"计划"

《平凡的世界》第48集孙少平跟田晓霞谈人生的规划时，少平和晓霞的对话如下：

"你……对自己有什么打算呢？"她小声问。

"我准备一辈子就在这里干下去……除此之外，还能怎样？"

"这是理想，还是对命运的认同？"

"我没有考虑那么全。我面对的只是我的现实。无论你怎样想入非非，但你每天得要钻入地下去挖煤。这就是我的现实。一个人的命运不是自己想改变就能改变得了的。至于所谓理想，我认为这不是职业好坏的代名词。一个人精神是否充实，或者说活得有无意义，主要取决于他对劳动的态度。当然，这不是说我愿意牛马般受苦。我也感到井下的劳动太沉重。你一旦成为这个沉重世界里的一员，你的心绪就不可能只关注你自身……唉，咱们国家的煤炭开采技术是太落后了。如果你不嫌麻烦，我是否可以卖弄一下我所了解到的一些情况？"

"你说！"

"就我所知，我们国家全员工效平均只出 0.9 吨煤左右，而苏联、英国是 2 吨多，西德和波兰是 3 吨多，美国 8 吨多，澳大利亚是 10 吨多。同样是开采露天矿，我国全员效率也不到 2 吨。在西德鲁尔矿区，那里的矿井生产都用电子计算机控制……人就是这样，处在什么样的位置上，就对他的工作环境不仅关心，而且是带着一种感情在关心。正如你关心你们报纸一样，我也关心我们的煤矿。我盼望我们矿井用先进的工艺和先进的技术装备起来。但是，这一切首先需要有技术水平的人来实现，有了先进设备，可矿工大部分连字也不识，狗屁都不顶……对不起，我说了矿工的粗话……至于我自己，虽然高中毕业，可咱们那时没学什么，因此，我想有机会去报考局里办的煤炭技术学校。上这个学校对我是切实可行的。我准备一两年中一边下井干活，一边开始重学数、理、化，以便将来参加考试。这也许不是你说的那种理想，而是一个实际打算……"

孙少平自己也没觉得，他一开口竟说了这么多。这使他自嘲地想：他的说话口才都有点像他们村的田福堂了！

晓霞一直用热切的目光望着他，用那只小手紧紧握着他的大手。

"还有什么'实际打算'？"她笑着问。

"还有……一两年后，我想在双水村箍几孔新窑洞。"

"那有啥必要呢？难道你像那些老干部一样，为了退休后落叶归根吗？"

"不，不是我住。我是为我父亲做这件事。也许你不能理解这件事对我多么重要。我是在那里长大的，贫困和屈辱给我内心留下的创伤太深重了。窑洞的好坏是农村中贫富的首要标志，它直接关系一个人的生活尊严。你并不知道，我第一次带你去我们家吃饭的时候，心里有多么自卑和难受——而这主要是因为我那个破烂不堪的家所引起的。在农村箍几孔新窑洞，在你们这样的家庭出身的人看来，这并没有什么。但对我来说，这却是实现一个梦想，创造一个历史，建立一座纪念碑！这里面包含着哲学、心理学、人生观，也具有我能体会到的那种激动人心的诗情。当我的巴特农神庙建立起来的时候，我从这遥远的地方也能感受到它的辉煌。瞧吧，我父亲在双水村这个乱纷纷的'共和国'里将会是怎样一副自豪体面的神态！是的，我二十年来目睹了父亲在村中活得如何屈辱。我七八岁时就为此而伤心得偷偷哭过。爸爸和他祖宗一样，穷了一辈子也没光彩地站到人面前过。如今他老了，更没能力改变自己的命运。现在，我已经有能力至少让父亲活得体面。我要让他挺着胸脯站在双水村众人的面前！我甚至要让他晚年活得像旧社会的地主一样，穿一件黑缎棉袄，拿一根玛瑙嘴的长烟袋，在双水村'闲话中心'大声地说着闲话，唾沫星子溅别人一脸！"

孙少平狂放地说着，脸上泪流满面，却仰起头大笑了。

当天晚上，田晓霞随孙少平下井，亲眼目睹了井下工作的危险、艰苦，体会到少平人生的辛酸，百感交集，更加坚定了跟少平在一起，帮着少平走出来的决心。

思考及讨论

结合本章所学计划的内容，谈谈环境或资源型条件对人生规划（或计划）制定的影响。

七、计划职能小游戏——啤酒游戏

（一）游戏简介

该游戏是生产与分销单一品牌啤酒的产销模拟系统。参加游戏的学生各自扮演不同的角色：零售商、批发商、分销商和制造商。在游戏中，他们主要对自己的库存进行管理，即每周做一个订购多少啤酒的决策，库存决策的目标是使自己的利润最大化（费用最小化）。

（二）游戏目的

此游戏考察了供应链成员在信息不共享、交货期不确定的情况下所做出的理性决策对供应链系统行为造成的影响。在该游戏中，由于消费者需求的小幅变动，而通过整个系统的加乘作用将产生很大的危机，即首先是大量缺货，整个系统订单都不断增加，库存逐渐枯竭，欠货也不断增加，随后好不容易达到订货单大批交货，但新收到订货数量却开始骤降。通过该游戏使学生认识到以下几点：①计划及预测的重要性；②时间滞延、信息不足对产销系统的影响；③上下游成员企业之间有效合作的重要性；④分析牛鞭效应产生的原因并提出改进措施。

（三）游戏系统设置

1. 系统结构

该游戏是在一个简单的链式生产分销系统进行，系统有四个层级，分别为制造商、分销商、批发商和零售商，每一层有一个成员，最终是消费者。

2. 角色设置

游戏中共有五种角色：消费者角色由教师担任，其余零售商、批发商、分销商和制造商四个角色分别由学生扮演。其中，每种角色由 1 组学生扮演，每组 2~3 人。4 组学生构成一个系统进行游戏（备注：分组方案——全班分为 8 大组，每大组 8~10 人，每大组又分为 4 小组。每一大组中制造商、分销商、批发商和零售商角色各由一个小组扮演，每小组至少 2 人）。

3. 游戏规则

（1）这一系统中只有单一的产品（Single SKU）"啤酒"。

（2）顾客和原材料设定为系统的外部环境因素。制造商的供应商假定物料充足，能满足制造商的任何订货要求。

（3）假定系统运作方面没有任何的意外事件发生，例如厂商的产能没有问题、机器不需要维修、运输服务永远不会出现延误问题，等等。

（4）系统中各成员之间的关系是固定的、直线递阶式的联系。例如，零售商不能绕过批发商向分销商直接上传订单，厂商不能向零售商直接发送产品。上游只能通过下游的订单来获得需求信息。

（5）上下游设置。消费者为最下游，制造商的供应商为最上游。

（6）每周期动作顺序。每周期初成员收到下游的订单，根据上周期末的库存进行发货；发货完毕后收到上游发来的货物，随后盘点库存并做出订货决策，最后计算本周期总费用。

（7）提前期。在成员发出订单之后，两周之后才能收到其供应商的发货。即订单处理 1 周，运输 1 周。在操作中，为了控制这种延迟，具体做法如下：在 t 周周末确定的订单（订单日期为 t），并不随即交给其供应商，而是在 t+1 周初交给其供应商，供应商对此订单处理后，第 t+1 周把发货单（发货单日期为 t+1）交给购买商，到 t+2 周购买商将此发货单转变为自己的库存。

（8）成员成本控制。在这个游戏中，各个成员只涉及两个成本：库存持有成本（＄1.00/箱/周）和过期交货成本（＄2.00/箱/周），每个参赛成员的目标就是通过平衡库存持有成本和过期交货成本，实现总成本的最小化。

（9）供应链成本。这一链条上所有成员的成本总和（零售商、批发商、分销商和厂商）为这一链条上的供应链总成本。

（10）供应链透明度。这一游戏的供应链透明度所涉及的信息只有库存信息，也就是库存透明度的问题。在第一次试验时，设置成员之间不共享库存信息。

（11）外部环境信息。这一系统不受任何外部因素的影响，成员的决策只采用基于历史资料的预测方法，建议采用简单指数平滑法或移动平均法。

（12）补货周期。一个周期只允许一次补货。

（13）制造商。假设制造商的原材料充足，但是制造周期为两周，即从决定啤酒生产量到啤酒产出至少需要两周。

（14）零售商一旦缺货，就意味着失销，即下一周期对上一周期未满足的订单并不累计，而其他成员记录下未满足的订单并最终使之得到满足。

（15）在整个游戏过程中，每个成员的决策参数保持不变。

（四）时间安排

①角色分工：3~5 分钟。②分发道具：3~5 分钟。③明确角色任务：10~15 分钟。④进行模拟：90~110 分，进行 20~30 回合（第 1~10 回合最高时限 5 分，第 11~30 回合最高时限 3 分）。⑤利润统计：15~20 分钟。

（五）道具

（1）每个零售商：零售商角色资料卡 1 张，零售商订货单 30 张，零售商情况总表 1 张。

（2）每个批发商：批发商角色资料卡 1 张，批发商订货单 30 张，批发商发货单 30 张，批发商情况总表 1 张。

（3）每个分销商：分销商角色资料卡 1 张，批发商订发货统计表 1 张，分销商订货单 30 张，分销商发货单 30 张，分销商情况总表 1 张。

（4）每个制造商：制造商角色资料卡 1 张，制造商发货单 30 张，制造商情况总表 1 张。

（5）订发货单均可用自备纸条代替。

（备注：相应图表可参见网上。）

（六）游戏程序

（1）确保每个角色手头都有资料卡和充足的单据。

（2）各就各位：布置供应链网络，确定各成员按照零售商—批发商—分销商—制造商的顺序排成一条直线，并布置好各自的节点（参照系统结构图）。

（3）初始库存：每个成员的初始库存都设定为 12 箱啤酒。

（4）当前订单：每个成员的当前订单为 4 箱啤酒。每个成员都有一个第 0 周上游的发货单（在第 1 周变为库存），第 0 周的订货单在第 1 周时交给供应商。

（5）填写游戏记录表：将每个星期的对应库存、缺货、订单数量一一填入记录表。

（6）发货：根据游戏记录确定发货数量（订单允许分拆），并执行货物在链条的各节点上移动。

（7）预测：根据历史资料进行下一作业周期的需求预测，并把结果记录在需求预测表。

（8）下达订单：根据需求预测算出采购数量，向上游上传订单，并执行订单向上游的传递（注意：保持需求信息的私有性，不要让其他成员看到订货数量）。

（9）填写成员情况表：把当前的库存（缺货）数量记录下来，以便游戏结束时进行总库存成本计算。

（10）重复作业：进入下一个作业周期，重复第（5）～（9）作业程序。

（11）游戏结束：上交各自表格及统计数据。

（七）游戏绩效评估

（1）计算总成本：总成本＝总库存成本＋总缺货成本。

（2）计算供应链成本：供应链成本＝各成员累积总成本的总和。

思考及讨论

（1）结合上述游戏结果，谈谈该如何做好计划。

（2）通过个人总成本和供应链成本，谈谈您对整体与部分的理解。

第二节　计划职能综合实训

一、计划职能实训目的

本章的教学内容是掌握计划职能的相关概念，具体包括计划的定义、计划的构成要素、计划的体系、计划的类型、战略性计划、战略性计划的分析工具、计划的实施工具、目标管理法等相关内容。本实训是通过模拟某家企业的行业环境，掌握制订计划尤其是战略性计划的基本分析方法与技巧，加深对计划职能相关理论与知识的理解。

二、实训任务及要求

（一）实训任务

以团队方式撰写一家企业的行业环境分析报告。

（二）实训要求

（1）学生组成行业环境分析任务的撰写小组，每个小组 4~6 人。

（2）根据小组成员学习、生活和家庭资源的便利性，选择一个有一定可操作性的企业。同学们既可以选择知名的企业，也可以选择身边的一家小超市、小餐馆、咖啡厅等。从获取一手资料的便利性角度，希望学生选择身边的、容易接触与交流的小企业。

（3）围绕选定的企业，进行一手和二手资料的收集和整理，为行业环境分析积累信息资料。

（4）结合本章所学的分析工具，撰写行业环境分析报告。

三、实训成果

（一）五力模型分析报告

根据所选企业所在的行业及区域位置，分析影响该企业销售收入或利润的主要竞争因素，并利用定量和定性的数据得出每一方面的竞争力量对该企业影响的强弱程度，进而汇总五个方面的竞争要素分析，得出该企业所面临的基本竞争态势及未来可能的竞争策略。

（二）SWOT 分析报告

首先，通过内部资源分析以及与主要竞争对手的对标分析，提出企业的优势与劣势。其次，综合宏观、中观、微观环境分析，总结出企业面临的机会与威胁。再次，将优劣势与机会 & 威胁两两组合，形成四种战略类型并尝试提出每种战略类型可能的对策建议。最后，综合上述分析，选出企业最有可能采取的战略类型。

表 3-2　SWOT 分析框架

优势、劣势分析 机会、威胁分析		优势（S） 1.…… 2.…… 3.……	劣势（W） 1.…… 2.…… 3.……
机会（O） 1.…… 2.…… 3.……		SO 战略 1.…… 2.…… 3.……	WO 战略 1.…… 2.…… 3.……
威胁（T） 1.…… 2.…… 3.……		ST 战略 1.…… 2.…… 3.……	WT 战略 1.…… 2.…… 3.……

四、实训成果评价标准

表 3-3　实训成果评价标准

评价内容	评价标准	比例（%）
五力模型 分析报告	分析报告框架理解的准确性	10
	分析的深入性以及结论的科学性	35
SWOT 分析报告	SWOT 四个方面分析的科学性	20
	四种类型策略措施的合理性	25
格式规范	上述材料在字体、字号、行间距、逻辑顺序、突出显示、图表使用的规范性等方面的形式规范	10

五、实训场地

教室或适合本章实训计划研讨的其他场所，比如学校图书馆的讨论室、咖啡厅等。

第四章

组织职能

第一节 组织职能知识点练习

一、组织职能思维导图

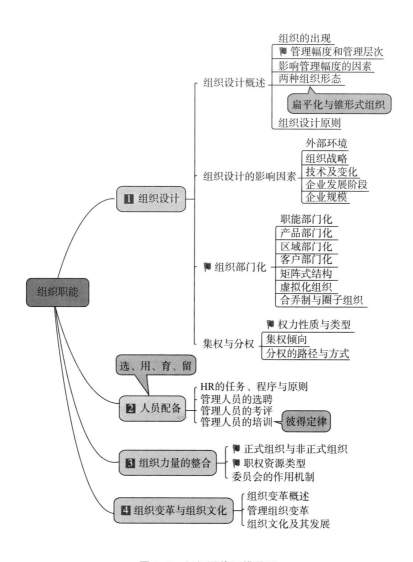

图 4-1 组织职能思维导图

二、组织职能测试

个人与企业文化匹配度测评

本测试共包括 24 道题，每道题有 A、B 两个选项，请在答题表上写出你的答案，并在十分钟内完成所有题目：

（1）你正在准备明天的考试，朋友求你帮忙陪他买电脑，你会怎么应对？（　　）

A. 对朋友说明你正在复习，没有时间，请他谅解。

B. 经不起朋友的请求，最终答应，却又很懊恼。

（2）毕业十年了，大学同学组织聚会，你会？（　　）

A. 积极参与组织策划。B. 等待组织者通知时间、地点。

（3）对于许多通过财富进入上流社会的人士，你认为？（　　）

A. 拥有财富就可以了，盲目追求社会等级是没有必要的。

B. 进入上流社会是社会等级较高的象征，是体现个人价值的因素。

（4）你的交友原则是什么？（　　）

A. 朋友不可滥交。B. 朋友不嫌多。

（5）你更喜欢下列哪种工作环境？（　　）

A. 安静、可以独处。B. 热闹、可以讨论。

（6）在部门会议中，上司对你的方案提出质疑，你通常会？（　　）

A. 在会议结束后，找机会单独与上司交流自己的想法。

B. 在会上据理力争，阐述该方案的优点。

（7）你更喜欢下面哪种场合？（　　）

A. 酒吧。B. 茶馆。

（8）公司准备进行一次市场推广活动，领导打算由你负责这次活动，你（　　）？

A. 勉为其难，不愿承担责任。B. 欣然接受，乐于承担责任。

（9）在聚会中，你通常会（　　）？

A. 侃侃而谈，成为谈话中心。B. 愿意充当忠实听众。

（10）第一次独立完成一个项目，结果却不尽如人意，你的反应是？（　　　）

A. 总结经验教训，为下一个项目做好准备。

B. 情绪会保持很长时间的低落，难以全身心投入新的任务。

（11）工作中你更看重什么？（　　　）

A. 个人成就。B. 组织权力。

（12）你的工作进度受到技术部门的拖延，你会？（　　　）

A. 等待技术部门主动配合完成你的工作。

B. 不断催促技术部门，全力推动工作的顺利进行。

（13）对于公司新来的员工，你通常会？（　　　）

A. 会主动与他们聊天以增进相互了解。

B. 除非有工作上的接触，否则不会主动接近他们。

（14）对于团队合作方式，你更赞成下列哪种方式？（　　　）

A. 应该是单纯的合作，不应该存在竞争。

B. 不仅仅是合作，竞争也是必要的。

（15）同事几天没来上班了，今天早晨看到他，你会？（　　　）

A. 非常关心地问他这两天怎么没来。

B. 像往常那样打个招呼。

（16）公司举行运动会，你在自己最拿手的比赛项目中输了，你会？（　　　）

A. 不服气，认为自己不应该输。

B. 自我安慰，胜败乃兵家常事。

（17）你研发的新产品就要面世了，你更关注它什么方面的价值？（　　　）

A. 社会价值。B. 经济收益。

（18）你的上司不拘小节，与下属打成一片，你认为他？（　　　）

A. 富有亲和力，是你喜欢的类型。

B. 亲和力过多，不是你喜欢的类型。

（19）在工作中，同事之间往往会有争论，你通常是什么角色？（　　　）

A. 参与辩论的某一方。B. 旁观者。

（20）如果你在电梯里看到一个熟人，你通常会？（　　　）

A. 微笑，并询问对方近来可好。B. 打完招呼后保持沉默。

（21）餐厅服务员态度不好，你通常会？（　　　）

A. 息事宁人，尽量避免冲突。B. 找经理投诉，要求改善。

（22）对于同事提出的见解，你的第一反应是？（　　　）

A. 怀疑。B. 肯定。

（23）你刚刚加入一个拓展俱乐部，今天是第一次活动，你希望？（　　　）

A. 成员之间能够互相帮助、互相支持。

B. 成员之间能够开诚布公地交流、争论。

（24）你的项目组新加入两个成员，你更喜欢下列哪一个？（　　　）

A. 坦率直接的小王。

B. 友好温顺的小李。

您的选择是：

表 4-1　个人与企业文化匹配度测试统计表

（1）	（2）	（3）	（4）	（5）	（6）	（7）	（8）	（9）	（10）
（11）	（12）	（13）	（14）	（15）	（16）	（17）	（18）	（19）	（20）
（21）	（22）	（23）	（24）						

讨论：你适合在哪种文化氛围下工作？

三、组织职能案例

（一）鸿远公司的组织结构

从开了一整天的公司高层例会上回来，鸿远实业有限公司的总经理赵弘就一直陷入一种难以名状的焦虑中。赵总试图整理一下思绪，独自坐到沙发上静思起来……

鸿远公司六年来从艰难创业到成功的经历可以说历历在目。公司由初创时的几个人发展到今天的 1300 余人，资产也由当初的 1500 万元发展到今天的 5.8 亿元，经营业务从单一的房地产开发拓展到以房地产为主，集娱乐、餐饮、咨询、汽车维修、百货零售等多种业务于一体，鸿远公司已经成为在全市乃至全省较有实力和知名度较高的企业。公司是由中美合资建立的，主营高档房地产，在本地市场先入为主，很快打开局面。随后，其他业务就像变魔术似的，一个变两个、两个变八个地拓展起来。近年来公司上下士气高涨，从高层到中层都在筹划着业务进一步发展的问题。房产建筑部门要求开展铝业装修，娱乐部想要租车间搞服装设计，物业管理部门甚至提出经营园林花卉的设想。有人提出公司应介入制造业，成立自己的机电制造中心。作为从公司创业以来一直担任总经理的赵弘，有成功的喜悦与憧憬，同时更多着一层隐忧。在今天的高层例会上，他首先在发言中也是这么讲的："鸿远公司成立已 6 年了，在过去的几年里，公司可以说经过了努力奋斗与拼搏，取得了很大的发展。公司现在面临着许多新的问题，其中最重要的是企业规模过大，组织管理中遇到许多新问题，管理信息沟通不及时、各部门协调不力，我们应该怎样进行组织设计来改变这种情况？"在会上，各位高层领导都谈了各自的想法。

主管公司经营与发展的刘副总，前年加盟公司，管理科班出身，对管理业务颇有见地，他在会上谈道："公司过去的成绩只能说明过去，面对新的局面必须要有新的思路。公司成长到今天，人员不断膨胀，组织层级过多，部门数量增加，这就在组织管理上出现了阻隔。例如，总公司下设 5 个分公司：综合娱乐中心，下有嬉水、餐饮、健身、保龄球、滑冰等项目；房屋开发公司；装修公司；汽车维修公司；物业公司。各部都自成体系。公司管理层级过多，总公司有三级，各分公司又各有三级以上管理层，最为突出的是娱乐中心的高、中、低管理层竟多达 7 级。且专业管理部门存在着重复设置。总公司有人力资源开发部，而下属公司也相应设置人力资源开发部，职能重叠，管理混乱。管理效率和人员效率低下，这从根本上导致了管理成本的增加，组织效率下降，这是大公司发展的大忌。从组织管理理论角度看，一个企业发展到 1000 人左

右,就应以管理机制代替人治,企业由自然生成转向制度生成,我公司可以说正是处于这一管理制度变革的关口。从过去创业的几个人、十几人,到上百人,靠的是个人的号召力。但发展到今天,更为重要的是,依靠健全的组织结构和科学的管理制度。因此,未来公司发展的关键在于进行组织改革。我认为今天鸿远公司的管理已具有复杂性和业务多元化的特点,现有的直线职能制组织形式也已不适应我公司的发展了。事业部制应是鸿远公司未来组织设计的必然选择。事业部组织形式适合我们鸿远公司这种业务种类多、市场分布广、跨行业的经营管理特点。整个公司按事业部制运营,有利于把专业化和集约化结合起来。当然,搞事业部制不能只注意分权,而削弱公司的高层管理。另外,搞组织形式变革可以是突变式,一步到位的,也可以是分阶段的形式,以免给成员造成过大的心理震荡。"

公司创立三元老之一,始终主管财务的大管家——陈副总经理,考虑良久,非常有把握地说道:"公司之所以有今天,靠的就是最早创业的几个人,不怕苦、不怕累、不怕丢了饭碗,有的是一股闯劲、拼劲。一句话,公司的这种敬业、拼搏精神是公司的立足之本。目前,我们公司的发展出现了一点问题,遇到了一些困难,这应该是正常的,也是难免的。如何走出困境,关键是要加强内部管理,特别是财务管理。现在公司的财务管理比较混乱,各个分部独立核算后,都有自己的账户,总公司可控制的资金越来越少。由于资金分散管理,容易出问题,若真出了大问题怕谁也负不了责。现在我们上新项目,就连维持正常经营的经费都很紧张,如若想再进一步发展,首先应做到的就是要在财务管理上集权,该收的权力总公司一定要收上来,这样才有利于公司通盘考虑,共图发展。"

高层会议的消息在公司的管理人员中间引起了震荡,有些人甚至在考虑自己的去留问题。

思考及讨论

(1)根据文中的描述,请画出公司现在的组织结构图。

(2)你认为事业部组织形式是否适合鸿远公司?

(3)根据组织设计的基本理论,你认为鸿远公司的组织机构是否应该改革?怎样改?

(二) 谁该为矿难负第一责任

东头煤矿为一家大型煤矿，某日发生了瓦斯爆炸。政府调查发现，该企业煤矿设备先进、制度健全，还有专门的安检员。

安检员说，当天下矿做例行检查，发现瓦斯浓度超标，要求立即停产，撤回工人。值班班长不同意，说没有矿长的命令，不能停工，否则会被撤职。安检员上到井上找矿长，矿长出去开会，一时电话联系不通。安检员联系矿长的过程中发生了矿难。

思考及讨论

（1）您认为谁该为矿难负第一责任？为什么？

（2）从提高安全生产的角度考虑，您认为该公司在三种基本职权类型（直线职权、职能职权和参谋职权）上该做哪些方面的调整或优化？

(三) 医院护士长的辞职信

尊敬的钟院长：

您好！我叫李玲，是医院内科的护士长，我当护士长已有半年，但我再也无法忍受这种工作了，我实在干不下去了。我有两个上司，她们都有不同的要求，都要求我优先处理自己布置的事情，然而我只是一个凡人，没有分身术，我已经尽了自己最大的努力来适应这样的工作要求，但看来我还是失败了，让我给您举个例子吧。

昨天早上8点，我刚到办公室，医院的主任护士叫住我，告诉我下午她要在董事会上作汇报，现急需一份床位利用情况报告，让我在10点之前务必完成，而这样一份报告至少要花一个半小时才能写出来。30分钟后，我的直接主管——基层护士监督员王华走进办公室质问我："为什么不见我的两个护士上班？"我告诉她，外科李主任因急诊外科手术缺人手，从我这借走了她们两位，尽管我表示反对，但李主任坚持说只能这样做，王华听我的解释后，叫我立即让这两个护士回到内科来，并告诉我一个小时后，她回来检查我是否把这事办好。像这样的事情举不胜举，每天都发生好几次。

这样的工作我实在无法胜任，特向您请辞，请批准！

李玲

××××年×月×日

（1）案例中李玲所在的这家医院在组织设计上存在的主要问题是什么？

（2）如何避免案例中的这种结局，谈谈你的建议。

（四）为什么活没人干

一个机床操作工把大量的液体洒在他机床周围的地板上，车间主任叫操作工把洒在地板上的液体打扫干净，操作工拒绝执行，理由是任职说明书里并没有包括清扫的条文。车间主任顾不上去查任职说明书的原文，就找来一名服务工来做清扫工作。但服务工同样拒绝，他的理由是任职说明书里同样也没有包括这一类工作，这个工作应由勤杂工来完成，因为勤杂工的职责之一是做好清扫工作。车间主任威胁服务工说要解雇他，因为这种服务工是分配到车间来做杂务的临时工。服务工勉强同意，但是干完以后就立即向公司投诉。

有关领导看了投诉以后，审阅了这三类人员的任职说明书：机床操作工、服务工和勤杂工。机床操作工的任职说明书规定：操作工有责任保持机床的清洁，使之处于可操作的状态，但并未提及清扫地板；服务工的任职说明书规定：服务工有责任以各种方式协助操作工，如领取原料和工具，随叫随到，即时服务，但也没有包括清扫工作；勤杂工的任职说明书里确实包括了各种形式的清扫工作，但他的工作时间是从正常工人下班以后开始。

（1）为什么会出现这种情况？原因出在哪？

（2）任职说明书从内容上包括哪些组成部分？为避免上述情况的发生，在设计任职说明书时应注意哪些方面？

（五）得州仪器公司的矩阵组织结构

得克萨斯仪器公司是美国一家大型电子工业公司，多年来一直在生产部门和职能部门中实行矩阵结构形式。公司实行的这套管理体制曾发挥过重要的作用，取得了极为良好的效果，使这个总部设在得州达拉斯的仪器公司发展成为世界上最大的半导体制造商，每年的销售量超过 30 亿美元。公司的发展计划重点强调技术改革，提高产品质量和扩大生产。公司大量投资于研究与发展，并极为注意降低生产成本。因此，公司迅速发展，产品的市场不断扩大。

在 20 世纪 70 年代初期，该公司采用了三角形发展战略：一是继续发展半导体集成电路，供给本身需要和市场的需要；二是发展商用电子计算机和电子玩具；三是研制小型电子计算机系统产品。这种战略在 70 年代期间取得了很大的成功。

然而，到了 1981 年，公司利润大幅下降。公司领导开始意识到必须对生产系统进行一次彻底的检查和调整，首先涉及的就是对组织结构设置进行改革。

得克萨斯仪器公司多年来都是采用矩阵组织结构的。在这种结构内，由原来传统的职能部门——工程技术部门、设计部门、生产部门和财务部门形成一个生产半导体薄片的统一系统。同时，又设立多个跨这些职能部门的产品—顾客中心（Product-Customer Centers）；每个产品—顾客中心自行负责对每一新产品的设计、生产和推销。

为了促进生产力的发展，公司授权各中心的经理，要他们各自对其盈亏负责。但是，各中心的经理却无权指挥各职能部门。据说，这样做不是靠权威的指挥，而是通过说服工作，可以使职能部门的经理们更集中于研制可盈利的产品。

然而，就是这样的组织安排带来了许许多多的问题。例如，产品—顾客中心研制的一种计数手表需要一种新型的半导体薄片，希望职能部门能提供。但是，有关的职能部门只从其本身需要考虑，感到其本身不需要这种半导体薄片，因而拒绝中心的要求，不愿与中心协作。这样就使产品—顾客中心的计数手表的生产无法进行。

在进行组织体制的改革中，公司仍旧保持其矩阵组织结构。但是，为了使产品—顾客中心能与职能部门平起平坐，拥有同等的权力，他们砍掉了一些较小的产品—顾客中心，只保留了一些大的产品—顾客中心。同时，设法使职能部门和中心之间的活动更为协调、更为统一，这样，管理就会更有条理。

但是，随着公司的发展，这样的改革也带来了两方面的问题：①组织结构的改变必带来组织气氛的改变。一个职工曾对组织气氛进行这样的描述：职工对其上司感到可怕。经理定的目标太高，而职工根本就不敢提什么意见，如果职工对上司有不同意见，轻则被经理批评，嘲弄一番，说你工作不努力，重则认为你犯了一个严重的错误。这样，职工只好默不作声，或只好遵照上司的意图行事，隐瞒了实情。②这种改革涉及公司的集权问题。公司不断发展，组织规模不断扩大，但是，公司仍要维持其权威性的统一的指挥领导。在这种情况下，中下级管理人员的权力就很小，而绝大多数重要的决策都由上级制定，然后，再一级一级地往下传达。

思考及讨论

（1）得克萨斯仪器公司采用矩阵结构为什么会失败？你认为其所开展的改革会更有效吗？

（2）该公司的战略与其组织结构有何关系？你认为它采用哪一种组织结构模式更为恰当？

（3）该公司的组织气氛对其组织结构产生了什么影响？这种影响是积极的还是消极的？

（4）该公司实行集权制，这对其组织结构的改变有何影响？

（5）如果该公司聘你为顾问，你对其未来的组织管理有何建议？

（六）Zappos 公司尝试实施没有 CEO 的"合弄制"

Zappos 公司是亚马逊旗下一家拥有 1500 多名员工的鞋类电商，它的首席执行官谢家华（Tony Hsieh）近年来一直尝试员工的自我管理，最鲜明的旗号是：干掉 CEO，解散管理层。这种管理方式又被称为"合弄制"。

1."合弄制"的哲学

首先需要强调的是，"合弄制"并不意味着无政府主义。

传统公司的管理架构如同一座金字塔：底层是各种各样的基础员工，随着员工职责和管理权限的增加，人数不断减少，直至塔顶的董事会。但谢家华认为，这样的管理方式不够高效，还有更好的方式来进一步释放员工的潜力。

软件工程师 Brian Robertson 在 2007 年提出了"合弄制"这一大胆的公司管理模式。在软件公司的工作经历让他意识到，传统公司的管理等级制度不够灵活应变，"这是在浪费员工的潜力。他们本应使用他们的聪明才智为公司做出更多贡献。"这种管理模式彻底摒弃传统公司的经理、主管等一系列职位，而将市场营销、人力资源、客户关系等具体工作职责分散到一系列工作圈中。

2. "合弄制"的基本特征

Zappos 的员工不再有具体的职位，传统职位的职能被分解为一个个"角色"（Roles），每个角色都有约定好的职责范围。员工可以自行选择自己的角色（可以多选），并根据角色要求决定工作内容。比如说，员工 A 原来是 Zappos 的市场营销，在公司实行"合弄制"后他可以继续做市场营销的事，并在此之外担任其他角色，做市场营销范围外的工作。

传统公司中的部门在 Zappos 则被不同的"圈子"（Circles）取代。每个圈子独立为政，也有相互重合的部分。以市场营销圈为例，圈内的角色包含社交媒体、广告、网络营销、品牌发展等。因为每个员工可以扮演多重角色，所以员工的工作也有可能横跨不同的圈子。

虽然如今没有经理，但每个圈子都有自己的"领导链"（Lead Links），负责制定本圈的目标、给员工指派角色、监督员工表现。通过这样的方式，Zappos 对员工保持一定程度的控制。不过，这种控制是针对角色而非员工本人的。

按照 Laloux 的说法，在实行"合弄制"之前的 Zappos 是一个绿色组织（Green Organization），它有金字塔形的管理架构，像个家庭。实施自我管理的企业是青蓝色组织（Teal Organization），每个部分的运作都为整体服务，是个有机生命体。谢家华的目标，就是把 Zappos 打造成一个青蓝色组织。

3. "合弄制"解决公司内部冲突的基本机制

没有经理，圈子内部起冲突怎么办？这里有两个机制：

第一个机制是"代表链"（Representative Link）。这是每个圈子自行选出的成员代表，负责将圈子里产生的问题与困惑向有更高权限的圈子汇报，以确保圈子的健康运行。

第二个机制是开会。如果员工对如何开展工作产生分歧，他们能在定期举行的"管理会议"（Governance Meeting）上提出，管理会议会明确不同角色的职责范围，制定 Zappos 的发展方向和目标。与此同时还有"策略会议"（Tactical Meetings），让员工交流彼此的工作进度、讨论出现的困难并制订下一步行动计划。所有员工都能在会议上畅所欲言。

4."合弄制"解决员工升级的基本机制

对于员工来说，升职是一种对自己的资历与工作表现的认可。但在 Zappos 解散管理层、取消传统职位后，员工如何"升级打怪"走向人生巅峰？

Zappos 的答案是：多学习不同的技能吧！

每个员工将根据自己拥有的各种角色和技能获得不同的徽章。前面已经说过，员工可以自主决定在 Zappos 扮演怎样的角色，角色越多，获得的徽章也越多。

Zappos 甚至会为工作范围外的技能颁发徽章，比如，如果你熟读《重塑组织结构》并写一篇读后感，你可以获得"初级青蓝"（Teal 101）徽章；如果你是瑜伽高手，愿意教同事瑜伽，可以获得"瑜伽大师"（Yoga Guru）徽章。

5."合弄制"的薪酬机制

Zappos 一直在思考如何向没有传统职位的员工发放薪水。"目前，薪酬是由角色决定的，徽章代表了这些角色背后的工作或技能。"Lisa Jewett 说。她拥有一枚"图书管理员"徽章，是 Zappos 薪酬制度负责人。"但我们正在建立一个更加有积极意义的徽章系统，之后将允许员工按照自己的职业兴趣获取与之匹配的薪水。"

Jewett 表示，Zappos 目前仍然会以传统职位的形式雇用新员工。一旦员工接受了必要的"合弄制"训练，他们就可以以更灵活自主的方式决定自己在公司应该扮演怎样的角色。"一旦员工上道，他们将有机会扩大自己的角色范围，获取不同的徽章。这既能增加他们的收入也能实现他们的梦想。"Jewett 说。

每个新徽章都意味着更多的薪水，想想有些小激动呢。不过当下想要加薪的 Zappos 员工需要向"薪酬圈"（Compensation Circle）提出申请。

那如果我去别的公司，这些角色和徽章还有用吗？

嗯，这的确是个有点尴尬的问题，并且可能是一些 Zappos 员工不认可公司做法的原因。

虽然 Zappos 取消了正式职位，但员工对外可以自由选择以什么名称称呼自己。Zappos 现在有"时间魔法师"（Time Sorcerer）或"惊艳效果经纪人"（Agent of WOW）之类的角色。对于 Zappos 内部员工来说，这些名称为工作场合增添趣味（谢家华的 Zappos10 条核心价值中的第三条就是"制造趣味和一点点古怪"）。但对公司外的人来说，这些角色就未免太非主流了。因此，不少员工担心没法在简历中解释清楚自己在 Zappos 做什么。

6. "合弄制"的考核与辞退机制

如何处理不能胜任角色的员工，是 Zappos 希望解决的另外一个问题。

据 The New Republic 报道，在 Zappos 的管理系统中，每个圈子自行决定是否解雇员工，但有时会产生混乱。

当领导链解除员工的角色后，员工就进入了无人接应的状态。在 Zappos，这种状态被略带讽刺地称为"去海滩放空"。之前担任 Zappos 人力资源高级经理的 Tammy Williams 注意到了这种无归宿现象，决定接管这些无角色员工，在他们被解雇之前给予他们一次重新挖掘自身潜能的机会。在她看来，"海滩"实际上是一个"公司内部再就业机构"。

"Tony 给了我两周到三个月的时间来解决这些员工的问题。"Williams 说。在这段时间内，"去海滩放空"的员工可以通过写日志、参加研讨会、接受性格分析等方式找到自己适合的位置，重塑自己的角色。

"合弄制"能不能在 Zappos 取得成功？Robertson 认为，Zappos 这种规模的公司将花至少几年的时间来跨越笨拙的学习期，进入理想的、流水线化的管理状态。Zappos 当前在管理上最大的困难是，没有太多经验可以借鉴。在向"合弄制"转变的道路上，Zappos 只有从不断试错中完善自己。

思考及讨论

（1）Zappos 公司的"合弄制"与传统组织形态下的管理有哪些区别？

（2）新的技术趋势与新生代员工特征会给公司的组织设计带来哪些新的挑战？

四、寓言故事中的"组织"

（一）小猴找工作

小猴长大了，到了自食其力的时候了，于是便决定出去找份工作。动物王国正处在高速发展时期，找个工作不是太难的事情。于是它来到动物王国邮递公司，希望找到一份邮递员的工作。

首先，它来到大雁负责的部门，大雁问它："你会飞行吗？"

小猴说："不会。"

"我这里是空运部，那你去其他地方看看吧！"

小猴又来到兔子负责的部门，兔子问它："你跑得有我快吗？"

小猴说："没有！"

"我这里是快递部，对奔跑速度的要求是第一位的。你还是去其他部门看看吧！"

于是小猴又来到了乌龟负责的部门，它想乌龟在这个部门都能成为主管，我一定能胜任。乌龟问它："你有什么本事？"

小猴说："我最起码比你跑得快，你能干的事情我肯定能干！"

乌龟笑眯眯地看着小猴说："那就留下来试试吧！我这里正好有一份邮件，是送给老牛的。这个任务就交给你了！"

小猴兴奋地接过邮件，按着邮件的地址向老牛家跑去。它越跑越快，它想尽快把邮件送到，让那个慢腾腾的乌龟主管看看它的实力。跑着跑着，小猴停下来了，前面一条大河挡住了小猴的去路。河边没船，河上也没桥。小猴没办法，只好返回去把邮件交给了乌龟。乌龟说："我这里是水陆邮递部，不是谁都能胜任的。你还是去其他地方看看吧！"

看来邮递员是做不成了，小猴又来到了果品公司，这里正在招收采摘果实的工作人员。小猴向主管长颈鹿展示了自己爬树的本领，长颈鹿说："从你的本领来说是很适合做这项工作的，可从其他方面考虑我认为不是很合适！"

小猴一再表示自己一定能胜任这项工作，请长颈鹿主管给它一个机会。长颈鹿想了一下说："那就试试吧！"

得到了长颈鹿主管的同意，小猴迅速攀上了一棵苹果树，开始采摘苹果。看着这么多又大又圆的苹果，小猴的口水禁不住流了下来，于是它趁别的伙伴不注意偷偷地吃了一个……到了晚上结账的时候，长颈鹿主管笑眯眯地对小猴说："你今天干得不错，不过你吃了 12 个苹果，工资正好被抵消，我们谁也不欠谁了！你不适合做这项工作，明天你还是去其他地方看看吧！"

小猴垂头丧气地回到家里，饭也没吃就睡觉了。其实它也不饿，12 个苹果下肚了，还能饿吗！

第二天早晨小猴起床以后不知道自己该去做什么，找工作的事情让它烦透了心。正在小猴没主意的时候，小山羊来找它了。小山羊看着小猴愁眉苦脸的样子，就问它发生什么事情了。小猴把自己找工作的事和小山羊说了，小山羊听了对小猴说："你找的工作都不适合你干，所以处处碰钉子。动物王国这么大，总有适合你的工作，除非你没有任何本事。"

于是小山羊决定陪着小猴去找工作。它们来到动物广场，看到很多动物在看一张榜。原来是动物王国的建筑公司招聘工人，要求是有高超的攀爬技术。小猴一看开心极了，这不正是适合自己的工作吗？于是小猴前往建筑公司应聘。

小猴很顺利地成了建筑公司的一名架子工。后来，小猴逐渐熟悉、掌握了建筑方面的其他知识与技能，成了动物王国有名的建筑师。

思考及讨论

讨论组织中选人用人的原则。

（二）小猴升职

小猴从动物王国职业学校毕业以后应聘到动物王国建筑公司做了一名架子工。在这一岗位上，小猴善于攀爬的特长得到了充分的发挥，加上他自身的勤勉，小猴很快从诸多的架子工中脱颖而出成为同工种中的佼佼者。

年终评比、总结的时候，小猴所在的部门因成绩突出被评为先进集体，小猴被评为先进工作者。为了进一步肯定小猴的工作成绩，公司决定聘任小猴为总经理助理。

走上领导岗位的小猴本性难改，实在适应不了办公室的工作，成堆的资料让它头疼，成串的数据让它心烦，它在办公室一刻也待不住。于是小猴每天都去工地巡视，可它除了对架子工的工作十分熟悉外，对其他工作根本就摸不着头脑。可昔日的架子工工友也不可能让小猴再去爬上爬下，这与总经理助理的身份不相符。

又到了年底工作评比的时候了，许多员工成了榜上有名的优秀员工，而昔日最优秀的小猴却再没有人提起。

思考及讨论

什么是组织中的彼得定律？如何避免这一定律的出现？

五、历史故事中的"组织"

（一）宋璟授任

唐初政治清明，士民富庶，这与许多敢于直谏、正直贤明的大臣有很大关系，宋璟就是其中一个。在唐玄宗开元年间，宋璟任宰相，有人推荐说，隐士范知落文章超群，堪为人先，并呈上他的文章。宋璟看了以后，写评语道："他的《良宰文》辞藻华丽，没有精辟的见解，颇有谄媚的嫌疑。"并对推荐人说："文章如果高明，应该走科举的道路，而不可委屈提升。"后来终未用他。

宋璟曾经举荐抚州司马和仪州司马，二人都有一定才能，但考虑到他们个性异常多变，常常因自己的喜好改变主意，如果赐他们以高官，就必然会出事；如果摒弃不用，又觉可惜，于是任命他们为渝、峡刺史，以后如有政绩再加重用。朝中大臣都觉得处置得当。

宋璟特别注重考察现任官员的政绩，遇到不合格的就降职，绝不轻易提拔。大理寺卿元行冲素有才情，开始任用他的时候，确实勤于政务，办案认真，很有成绩，宋璟准备提拔他，哪知他逐渐荒废政务，宋璟于是建议皇帝给他降职处分，并举荐能干的人替代他的职位。大臣陆象先也因为闲于政务、傲慢闲散而被贬为河南尹。

宋璟通过严格的考核，为朝廷选拔了许多品行优良、认真称职的官员，受到皇帝和大臣的称赞。玄宗对后来的宰相说："以后挑选官吏要以宋公为榜样，这样国家才会吏治清明，万民富有。"

思考及讨论

（1）从职权的类型分析，请问唐朝宰相在官员任命和处分上是何种职权类型，并说明理由。

（2）结合案例情景分析，提拔和晋升管理者应考虑哪些因素？

（二）御史台老隶

宋朝的御史台有一个年老的隶员，因为刚正而有名。每当御史有过失的时候，他就把手中的梃杖直立起来，凭着梃杖是否直立起来，作为御史贤与不贤的验证。

有一天御史中丞范枫要宴请客人，他亲自告诉厨师如何制作饭菜，呼来唤去地把厨师折腾了三四遍。临末了，厨师已经走开了，范枫还不放心，又叫住他，不停地叮咛告诫。一回头，看见老隶员的梃杖又直立起来了，范枫感到奇怪，连忙问原因。

老隶员回答说："大凡役使别人的人，须给他订立章法，而责成他们把事情办好。制定的章法要具有可执行力，便于执行。如果他不按章法来，自有固定的刑法来处治。何必亲自去喋喋不休地叮咛告诫呢？假如中丞大人做了宰相治理天下，岂能对每个人都亲自去教导呢？"

范枫听了这话，心中又是惭愧，又是佩服。

思考及讨论

（1）从管理的定义角度来分析，管理者事必躬亲是不是一种好的风格？

（2）结合案例情景及课程所学授权的原则，谈谈管理者应该如何有效授权。

六、影视作品中的"组织"

《欢乐颂》第 9 集中安迪家讨论关于小邱公开揭发白主管报销中做假账一事

小邱跟白主管因为白主管出轨而分手。分手后，白主管在小邱报销时故意刁难小邱。小邱因无法正常完成报销和借款手续，受到部门经理的斥责，小邱只好硬着头皮去找白主管沟通，白主管借机羞辱。小邱忍无可忍，愤怒之下当着全公司人的面揭露白主管在公司报销中夹带私货，损公自肥。小邱的爆料在公司引起一片哗然，公司领导决定让白主管停职等待调查，也让小邱停职在家等待调查结果。小邱一脸委屈，认为自己揭发了白主管的不轨行为，公司不但不应该处分自己，还应予以奖励。但 22 楼的其他几个姐妹却不这么认为，她们觉得小邱的行为对公司造成恶劣影响，公司可能会劝退小邱。她们几个人在安迪家中展开了一场对话。

安迪说："一般遇到这种事情，一定是两个人一起处理，但是你们公司最终的决定，应该是要看你的上司（小邱的），可俨然你跟你的上司关系并不好。所以，我想你的公司应该是会放弃你。"

小邱说："可是我没做错什么呀。"

安迪说："你怎么没做错什么呢。你窝赃包庇啊，任何人都有理由相信，也许你跟这个白渣男，如果不是闹翻的话，你会一直包庇下去。所以即使你有理由说服公司，你没有窝赃包庇。可是没有人会喜欢惹麻烦的人。你只要惹麻烦了，公司就一定会放弃你。"

樊胜美说："换做是我，我也是一样的考虑。我再补充一点，就是小邱上司的想法，这个世界上啊，没有人的屁股是干干净净的，多多少少都会有些把柄，没有完全纯洁的。所以江湖人最讨厌的，就是不懂规矩的人。小邱，你就是那个不懂规矩的人。我怀疑那个白渣男，最初只是想把你约出去，私下想让你跟他保证你可以守口如瓶，顺便是不是可以占点小便宜什么的。可是他万万没想到，你这么不懂规矩。所以你'乱拳打死老师傅'，这是江湖人最不乐见的，也是你经理最不乐见的。讲话规矩第二条：屁股不干净的人，最讨厌身边的人嘴巴把不住门。你当着你经理的面揭白渣男的短，你经理还敢用你吗？她只要不想用你，你的暂停就会变成被辞退。理由很简单，就是安迪所说的窝赃包庇，到时候你连说理的地都找不到，说不定啊，他们还会起诉你。"

小邱反问："什么！起诉我？"

关关着急地询问："没有挽回的余地了吗？可是莹莹也是被白主管害的呀。你要不要跟人事去说清楚？"

安迪说："可是小邱并不是骨干，可有可无啊。"

关关说："可是莹莹跟他们公司的同事关系都非常的好，如果他们集体挽留呢。……也没用，都是些可有可无、无足轻重的人。"

思考及讨论

（1）什么是公司的规矩？公司的规矩有哪些形式？

（2）在一个组织中，应该如何建设性地提建议？

七、组织职能小游戏——气球连接

（一）游戏目的

让学生理解团队合作的重要性，学会建立平等的合作关系；体验和增强利他思维和集体主义的意识。

（二）游戏道具

彩色气球若干；细线；彩笔。

（三）游戏分组

每组8个人左右，每组人数相同，多出来的团队成员可以作为监督员或助理教师。

（四）游戏程序与规则

1. 第一轮：高速列车

（1）发给每个小组成员一个气球，让学生把气球吹大。

（2）让小组中的所有成员在起点后排成纵队，双手交叉抱在胸前，每个团队成员间保持20厘米左右的距离。

（3）老师在每两个人的腰间放一个气球，前后两个成员要将气球夹在腰间，不能掉到地上。

（4）在途中若有气球掉下，整个队伍必须回到起点重新开始。

2. 第二轮：环形大桥

（1）让小组中所有的成员围坐成一个圆圈，两个成员之间保持一定距离以保证能夹上气球。

（2）老师给每两个成员之间都夹上已经吹好的气球，夹好气球后，组员的双手交叉放到背后。

（3）老师发出起立的命令，团队成员在保证气球不掉落的情况下站起来。

（4）站起来后，团队成员按照老师的口令完成规定动作，包括顺时针转一圈，逆时针转一圈，蹲下，最终再回到这一轮开始的围坐状态。

3. 第三轮：彩云追月

（1）让组员把自己的气球吹好，并用彩笔在上面做出记号，在统一口令后抛向空中。

（2）组员要保证自己小组的所有气球都不能掉到地上，学生不能碰到自己的气球，但可以碰其他团队成员的气球。

（3）如果一个气球掉到地上，该小组即为失败，能将气球维持在空中时间最长的一组为胜利。

思考及讨论

团队成员之间如何进行有效的合作？

第二节　组织职能综合实训

一、组织职能实训目的

本章教学目的是为了让学生掌握组织职能的相关概念，包括组织与组织职能、正式组织与非正式组织、管理幅度与组织层级、组织设计的主要影响因素、组织部门化、组织层级化、组织岗位化、组织流程化、组织职权资源的类

型及分配、人力资源管理活动、组织发展和组织变革等。本章实训主要是通过模拟组织部门设计及岗位设计掌握组织部门化、组织岗位化以及组织职权资源分配的主要知识，加深对组织职能活动的理解。

二、实训任务及要求

（一）实训任务

模拟一家创业企业，设计（优化）该企业的组织结构及主要岗位说明书。

（二）实训要求

（1）利用学习、生活、身边亲朋好友的关系资源，选择一家创业期的企业作为实训研究对象。

（2）通过访谈调研、信息检索等方式，了解这家企业的主要业务、发展阶段及行业情况。

（3）利用本章学习的主要理论知识，设计（优化）该企业的组织结构。如果这家企业还处于创业初期，请帮助设计这家企业的组织结构。如果这家企业已进入创业的快速成长期，请帮助设计未来一定规模（假设一定人数或一定收入水平）的组织结构。同时帮助该企业设计若干个关键岗位的岗位说明书。

三、实训成果

（一）组织结构图

设计（优化）该企业的组织结构图，简要说明设计的主要依据或原则，并列出各部门的主要工作职责。

（二）关键岗位的岗位说明书

根据设计出来的岗位说明书，每个部门选择一个岗位，设计一个岗位说明

书。岗位说明书要求结构完整，具体要求符合行业的惯例和企业的发展需要。

四、实训成果评价标准

表4-2　实训成果评价标准

评价内容	评价标准	比例（%）
组织结构图	组织结构图的规范性	15
	设计依据以及职责设计的合理性	30
岗位说明书	岗位说明书结构完整性	15
	岗位说明书具体要求的合理性	30
格式规范	上述材料在字体、字号、行间距、逻辑顺序、突出显示、图表使用的规范性等方面的形式规范	10

五、实训场地

实训地点选择在实训教室或创业企业办公地点。

第五章

领导职能

第一节　领导职能知识点练习

一、领导职能思维导图

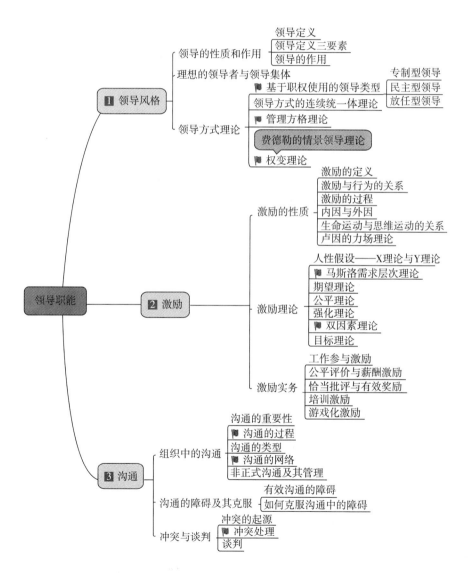

图 5-1　领导职能思维导图

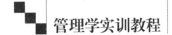

二、领导职能测试

（一）DISC 领导（管理）风格问卷测试

按你的第一印象选择每题中最适合你的 1 个答案。联想生活、工作、学习中的你，如果不能确定，可回忆童年时的情况，或者以你最熟悉的人对你的评价来从中选择，请把选项编号填到"答题表"内。

第 1 题

A. 对新事物会下决心做好。

B. 表情多动，手势多。

C. 能轻松自如地融入环境。

D. 准确知道所有细节之间的逻辑关系。

第 2 题

A. 用逻辑与事实服人。

B. 充满乐趣与幽默感。

C. 在任何冲突中不受干扰，保持冷静。

D. 完成一件事后才接手新事。

第 3 题

A. 决心用自己的方式做事。

B. 认为与人相处好玩，无所谓挑战或商计。

C. 接受他人的观点，不坚持己见。

D. 为他人利益愿意放弃个人意见。

第 4 题

A. 把一切都当成竞赛，总有强烈的赢的欲望。

B. 因个人魅力或性格使人信服。

C. 会控制自己的情感，极少流露。

D. 关心别人的感觉与需要。

第 5 题

A. 对任何情况都能很快做出有效的反应。

B. 能给旁人清新振奋的刺激。

C. 对人诚实、尊重。

D. 自我约束情绪与热忱。

第 6 题

A. 独立性强，机智，凭自己的能力判断。

B. 充满动力与兴奋。

C. 容易接受任何情况和环境。

D. 十分在乎周围的人和事。

第 7 题

A. 相信自己有转危为安的能力。

B. 运用性格魅力或鼓励推动别人参与。

C. 不因延误而懊恼，冷静且容忍度大。

D. 喜欢事前做详尽计划，依计划进行工作。

第 8 题

A. 自信，极少犹豫。

B. 不喜欢预先计划，或受计划牵制。

C. 安静，不易开启话匣子。

D. 生活与处事均依时间表，不喜欢受干扰。

第 9 题

A. 毫不保留，坦率发言。

B. 自信任何事都会好转。

C. 愿意改变，很快就能与人协调配合。

D. 有系统、有条理地安排事情。

第 10 题

A. 发号施令者，别人不敢造次反抗。

B. 时时表露幽默感，任何事都能讲成惊天动地的故事。

C. 保持可靠、忠心、稳定。

D. 不主动交谈，经常是被动的回答者。

第 11 题

A. 敢于冒险，下决心做好。

B. 带给别人欢乐，令人喜欢，容易相处。

C. 待人得体、有耐心。

D. 做事秩序井然，记忆清晰。

第 12 题

A. 自我肯定个人能力与成功。

B. 始终精神愉快，并把快乐传递到周围。

C. 情绪稳定，反应永远能让人预料到。

D. 对学术、艺术特别爱好。

第 13 题

A. 自给自足，自我支持，无须他人帮忙。

B. 游戏般地鼓励别人参与。

C. 从不说或从不做容易引起他人不满或反对的事。

D. 以自己完善的标准来设想衡量事情。

第 14 题

A. 有很快做出判断与结论的能力。

B. 忘情地表达出自己的情感、喜好，与人娱乐时不由自主地接触别人。

C. 直接的幽默近乎讽刺。

D. 认真、深刻，不喜欢肤浅的谈话或喜好。

第 15 题

A. 闲不住，努力推动工作，是别人跟随的领导。

B. 喜好周旋于宴会中，结交朋友。

C. 避免冲突，经常居中调和不同的意见。

D. 爱好且认同音乐的艺术性，不单是表演。

第 16 题

A. 不达目的誓不罢休。

B. 不断愉快地说话、谈笑，娱乐周围的人。

C. 易接受别人的想法和方法，不愿与人意见相左。

D. 善解人意，能记住特别的日子，不吝于帮助别人。

第 17 题

A. 天生的带领者，认为别人的能力不如自己。

B. 充满生机，精力充沛。

C. 愿意倾听别人的想法。

D. 对理想、工作、朋友都有不可言喻的忠实。

第 18 题

A. 要求领导地位及别人的跟随。

B. 讨人喜欢，令人羡慕，是人们注意的中心。

C. 满足自己拥有的，甚少羡慕人。

D. 用图表数字来组织生活，解决问题。

第 19 题

A. 不停地工作，不愿休息。

B. 聚会时的灵魂人物，受欢迎的宾客。

C. 易相处，易说话，易让人接近。

D. 对己对人高标准，一切事情有秩序。

第 20 题

A. 大无畏，不怕冒险。

B. 充满活力和生气。

C. 时时保持自己举止合乎认同的道德规范。

D. 稳定，走中间路线。

第 21 题

A. 命令支配，有时略傲慢。

B. 好表现，华而不实，声音大。

C. 面部极少流露表情或情绪。

D. 躲避别人的注意力。

第 22 题

A. 不易理解别人的问题与麻烦。

B. 生活任性无秩序。

C. 不易兴奋，经常感到好事难成。

D. 不易宽恕或忘记别人对自己的伤害，易嫉妒。

第 23 题

A. 抗拒或犹豫接受别人的方法，固执己见。

B. 反复讲同一件事或故事，忘记自己已重复多次，总是不断找话题说话。

C. 不愿意参与，尤其当事情较复杂时。

D. 把实际或想象的别人的冒犯经常放在心中。

第 24 题

A. 直言不讳，不介意直接说出自己的看法。

B. 缺乏自我约束，不愿记无趣的事情。

C. 经常感到担心、焦虑、悲戚。

D. 坚持做琐碎事情，要求注意细节。

第 25 题

A. 难以忍受等待别人。

B. 滔滔不绝的发言者，不是好听众，不留意别人也在讲话。

C. 很难下定决心。

D. 经常感到担心且无信心。

第 26 题

A. 很难用语言或肢体当众表达感情。

B. 时而兴奋，时而低落，承诺总难兑现。

C. 无兴趣且不愿介入团体活动或别人的生活。

D. 由于强烈要求完美，而拒人千里之外。

第 27 题

A. 坚持依自己的意见行事。

B. 不依照方法做事。

C. 犹豫不决——迟迟才有行动，不易参与。

D. 标准太高，很难满意。

第 28 题

A. 自我评价高，认为自己是最好的人选。

B. 容许别人（包括孩子）做他喜欢做的事，为的是讨好别人，让人喜欢自己。

C. 中间性格，无高低情绪，很少表露感情。

D. 尽管期待好结果，但往往先看到事物的不利之处。

第 29 题

A. 易与人争吵，永远觉得自己是正确的。

B. 像小孩般的情绪，易激动，事后马上又忘了。

C. 不喜欢设定目标，也无意设定目标。

D. 容易感到被人疏离，无安全感或担心别人不喜欢自己。

第 30 题

A. 充满自信，坚忍不拔。

B. 孩子般的单纯，不喜欢理解生命意义。

C. 得过且过，以不变应万变。

D. 往往看到事物的反面，缺少积极的态度。

第 31 题

A. 为获得回报或自我实现而不断工作。

B. 需要旁人认同、赞赏与接受。

C. 时时感到不确定、焦虑、心烦。

D. 需要大量时间独处。

第 32 题

A. 常用冒犯或未斟酌的方式表达自己。

B. 难以自控，滔滔不绝，不是好听众。

C. 遇到困难容易退缩。

D. 被人误解时感到冒犯。

第 33 题

A. 容易冲动地控制事情或别人，指挥他人。

B. 缺乏组织秩序的能力。

C. 事事不确定，又对事情缺乏信心。

D. 很多时候情绪低落。

第 34 题

A. 不接受他人的态度、观点、做事方法。

B. 善变，自我矛盾，情绪与行动不合逻辑。

C. 对多数事情漠不关心。

D. 思想兴趣放在内心，活在自己的世界里。

第 35 题

A. 精明处事，影响事物，使自己得利。

B. 生活无秩序，经常找不到东西。

C. 低声说话，不在乎说不清楚。

D. 情绪不易高涨，不被欣赏时很容易低落。

第 36 题

A. 决心依自己的意愿行事，不易被说服。

B. 喜欢成为焦点人物，要做别人注意力的集中点。

C. 行动思想比较慢，懒于付出行动。

D. 不容易相信别人，喜欢寻究语言背后的真正动机。

第 37 题

A. 毫不犹豫地表现自己的正确或控制能力。

B. 说话声与笑声总是令全场震惊。

C. 总是先估量每件事要耗费多少精力。

D. 需大量时间独处，喜欢避开人群。

第 38 题

A. 当别人不能合乎自己的要求时（如动作不够快），易不耐烦而发怒。

B. 无法专心或集中注意力。

C. 凡事起步慢，需要推动力。

D. 对各种事情充满怀疑，不相信别人。

第 39 题

A. 喜新厌旧，不喜欢长期做相同的事。

B. 无耐心，不经思考，行动草率。

C. 不甘愿地、不愿意参与或投入。

D. 情感不定，记恨并力惩冒犯自己的人。

第 40 题

A. 精明，总是有办法达到目的。

B. 像孩子般注意力短暂，需要各种变化，怕无聊。

C. 为避免矛盾，宁愿放弃自己的立场。

D. 不断地衡量和判断，经常提出相反的意见。

表 5-1　DISC 领导风格测试汇总表

1	2	3	4	5	6	7	8	9	10
11	12	13	14	15	16	17	18	19	20
21	22	23	24	25	26	27	28	29	30
31	32	33	34	35	36	37	38	39	40

（二）生活特性问卷测试

这是一份关于个人观点的问卷调查，请根据你对每一个问题的看法表示你的同意或不同意的程度。答案无对错之分，请不要顾虑。每个问题都要作答，不要遗漏，请把选项编号填到"答题表"内，谢谢合作。

表 5-2　选项编号表

完全不同意	非常不同意	稍有不同意	无所谓	稍有同意	非常同意	完全同意
1	2	3	4	5	6	7

（1）从事新的工作令我兴奋。

（2）有人喜欢当领导，但我不喜欢当领导。

（3）我有很多要好的朋友。

（4）我想把自己的工作做得达到要求就够了。

（5）我喜欢对他人的工作做指导。

（6）第一次和别人见面时，我很少主动发言。

（7）我对事情的所有可能性都有准备。

（8）我认为做任何事都要承担风险。

（9）如果让我面对很多人说话，我会感到紧张。

（10）我认为做困难的工作更有意思。

（11）我喜欢风险和收益都高的工作。

（12）我觉得能否成为权威对我很重要。

（13）我喜欢轻轻松松便能完成工作。

（14）我一般不参与有危险的活动。

（15）我对与他人竞争的胜负看得很重要。

（16）当我心情郁闷时，我不想有人来打扰我。

（17）我喜欢难度大的娱乐活动。

（18）我喜欢对他人的工作做出评价。

（19）如果我成为众人注意的焦点，我会不安。

（20）我很看重工作是否能增长能力。

（21）当组织做出重大决策时，我希望自己的意见受到重视。

（22）和不熟悉的人单独相处，我会局促不安。

（23）在我遇到困难时我往往自己解决。

（24）我喜欢用有把握的方法来完成任务。

（25）我认为和陌生人交往很容易。

（26）若目标非常难以达到，我宁愿把目标降低。

（27）我喜欢在行动前仔细地考虑失败的可能性。

（28）我认为自己完全有能力使组织高效地运转。

（29）我非常愿意做别人认为需付出很大努力的任务。

（30）我不喜欢用常规的方法来完成任务。

（31）我非常愿意给上级出谋划策。

（32）我认为凡事一定要有长远打算。

（33）我非常想成为组织中举足轻重的人物。

（34）我喜欢和最亲密的朋友分享我的秘密。

（35）我认为不断的奋斗会令我疲惫。

（36）我愿意协调组织中的人际关系。

（37）我愿意在社交场合交朋友。

（38）我认为急流勇退是明智之举。

（39）我认为在动手之前把一切细节都考虑到是很必要的。

（40）我不在意朋友对我无意的伤害。

（41）我对所有的目标都会力争达到。

（42）我不愿意在股市行情变幻莫测的时候买股票。

（43）我认为在许多事情上，我的想法比别人更正确。

（44）我认为对于投资项目不参加保险也没什么关系。

（45）我不喜欢担负很多责任。

（46）我对朋友发脾气后会感到后悔。

（47）我喜欢带领别人一起工作。

（48）我认为不值得为了坚持自己的意见而与朋友发生争执。

（49）我喜欢对组织成员进行分工。

（50）为了成为组织的主管，我愿意付出巨大代价。

（51）我自己的事应该自己处理。

表5-3 生活特性问卷测评统计表

（1）	（2）	（3）	（4）	（5）	（6）	（7）	（8）	（9）	（10）
（11）	（12）	（13）	（14）	（15）	（16）	（17）	（18）	（19）	（20）
（21）	（22）	（23）	（24）	（25）	（26）	（27）	（28）	（29）	（30）
（31）	（32）	（33）	（34）	（35）	（36）	（37）	（38）	（39）	（40）
（41）	（42）	（43）	（44）	（45）	（46）	（47）	（48）	（49）	（50）
（51）									

（三）沟通能力测评

（1）你辛苦工作了一天，对自己的工作效率和成果非常满意，但没想到上司对你一天的工作表现大为不满，遇到这种情况，你该如何？（　　）

A. 不耐烦地听他发火，满腹委屈，但不作声。

B. 跟上司据理解释，介绍自己的努力和不容易，不能无缘无故地把脾气发到自己身上。

C. 了解上司的工作状态，与其探讨自己做得不够好的部分，寻求改进建议。

（2）你上司的上司跟你共进了一次午餐，回来后发现你的上司颇为好奇，这时你该如何？（　　）

A. 如果内容不涉保密，告诉他详细内容。

B. 不透露蛛丝马迹。

C. 轻描淡写，淡化内容的重要性。

（3）你刚应聘到一家公司，入职不久了解到，公司有几位同事很想应聘到你现在的职位，老板不同意，才从外面招聘了你，遇到这种情况，你该怎么办？（　　）

A. 主动接触他们，了解他们的长处，争取融入到他们中间。

B. 不理会，假装不知道，努力做好自己的工作。

C. 暗中观察和了解他们，了解他们的实力并关注他们是否与自己竞争。

（4）如果某位与你竞争很激烈的同事跟你借一本经营管理的畅销书，你会怎么办？（　　）

A. 借给他，并跟他交流心得。

B. 借给他，但告诉他其实这本书没啥用。

C. 不借给他，推辞说书落在什么地方，找不到了。

（5）有位下属跟你说："有件事，我本不应该告诉你，但我觉得你应该知道……"你会怎么说？（　　）

A. 我不想听办公室的流言。

B. 跟公司有关的事项我感兴趣听。

C. 很高兴你能跟我分享如此重要的信息，愿闻详情。

（6）你想表达一个特别重要的事项或观点，但他人却不想听，你会如何？（　　）

A. 既然对方不想听，那我就先不说了。

B. 等等看看还有没有其他的机会说。

C. 辨别对方的状态和不想听的原因，换种方式试试看。

（7）最近工作特别忙，周末连续加班，有员工都第四次跟你提出周末他要早点回家，这时你会怎么说？（　　）

A. 你不能再提前走了，你要顾及团队成员的感受。

B. 今天不行，今天下午有个重要的研讨。

C. 你对我们相当重要，我们需要你的帮助，尤其是在周末。

（8）与不同身份的人交流，你会如何表现？（　　）

A. 与身份比较高的人交流，我会比较紧张。

B. 与不同身份的人交流，我会采用不同的态度与方式。

C. 与所有人交流，我都会采用一样的态度与方式。

（9）当有人提出与你交流某些事情时，你是否时常会觉得百无聊赖或难以倾听下去？（　　）

A. 是。　　B. 偶尔。　　C. 一般不会。

（10）开会中，当某位领导或比较权威的专家，对你的方案或建议进行批评甚至抨击的时候，你会如何应对？（　　）

A. 针锋相对，准备反击。

B. 妥协，承认方案或建议中的不足。

C. 保持冷静，尽可能在某些方面与之保持一致。

（11）你正在和一个怒气冲天的客户通电话，这时老板过来了，你会怎么做？（　　）

A. 告知你这边需要暂停一下，向客户许诺 5 分钟再给他打过去，或者把电话转给一个关系比较熟的同事处理。

B. 这是一个难得的表现机会，让领导看看你工作多么辛苦、多么不容易。

C. 心里有些七上八下，但还要保持镇静，在老板面前不能示弱。

（12）别人跟你交流时，你会如何反应？（　　）

A. 表示出兴趣，并记住对方表达的重点或要点。

B. 对方如果讲一些不重要的观点，你会打断对方的说话。

C. 如果对方表达得不清楚，你就会比较烦躁，容易走神。

（13）如果一个人讲话不清楚，你还必须听他讲，然后回答他，你会如何？（　　）

A. 跟他确认他讲话的内容，确认理解无误后再回答。

B. 听不明白的话，就随便应付一下。

C. 不知所措，找其他人来帮忙。

（14）当你和上司意见分歧的时候，你会如何？（　　）

A. 设法让上司明白其实你们的分歧没有想象得那么大。

B. 我会坚持自己的意见，让上司理解我的建议的重要性。

C. 为了避免更大的争议，我会选择沉默。

（15）在会议提问环节，一个提问者的问题表明他显然漏掉了你讲话中最重要的部分，你会如何？（　　）

A. 等他讲完，告知这个问题已经讲过了，但可能讲得不是很清楚，乐意再重复一次。

B. 等他讲完之后，说有一部分内容刚才可能没讲得太清楚，接着把内容再简要清晰地重复一遍。

C. 打断他的话，告诉他这个问题已经讲过了，有需要可以私底下再交流。

（16）你认为你的沟通能力如何？（　　）

A. 高　　B. 中　　C. 低

表 5-4　管理沟通测评统计表

（1）		（2）		（3）		（4）	
（5）		（6）		（7）		（8）	
（9）		（10）		（11）		（12）	
（13）		（14）		（15）		（16）	

三、领导职能案例

（一）哪种领导类型最有效

ABC 公司是一家中等规模的汽车配件生产集团。最近，对该公司的三个重要部门经理进行了一次有关领导类型的调查。

1. 安西尔

安西尔对他本部门的产出感到自豪。他总是强调对生产过程、出产量控制的必要性，坚持下属人员必须很好地理解生产指令以得到迅速、完整、准确的反馈。安西尔在遇到小问题时，会放手交给下级去处理，当问题很严重时，他则委派几个有能力的下属人员去解决问题。通常情况下，他只是大致规定下属人员的工作方针、完成怎样的报告及完成期限。安西尔认为，只有这样才能达成更好的合作，避免重复工作。

安西尔认为，对下属人员采取敬而远之的态度对一个经理来说是最好的行为方式，所谓的"亲密无间"会松懈纪律。他不主张公开谴责或表扬某个员工，相信他的每一个下属都有自知之明。

据安西尔所说，管理中最大的问题是下级不愿意承担责任。他讲到，他的下属人员可以有机会做许多事情，但他们并不是很努力地去做。

他表示不能理解以前他的下属人员如何能与一个毫无能力的前任经理相处。他还说，他的上司对他们现在的工作运转情况非常满意。

2. 鲍勃

鲍勃认为每个员工都有人权，他倾向于管理者有义务和责任去满足员工需要的观点。他说，他常为他的员工做一些小事，如给员工两张下月在伽利略城举行的艺术展览的入场券。他认为，每张门票才 15 美元，但对员工和他的妻子来说其价值却远远超过 15 美元。通过这种方式，也是表示对员工过去几个月工作的肯定。

鲍勃说，他每天都要到工厂去一趟，与至少 25% 的员工交谈。鲍勃不愿意为难别人，他认为艾的管理方式过于死板，艾的员工也许并不那么满意，但除

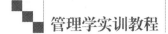

了忍耐别无他法。

鲍勃说，他已经意识到在管理中存在不利因素，但大都是由于生产压力造成的。他的想法是以一个友好、粗线条的管理方式对待员工。他承认尽管在生产率上自己部门不如其他单位，但他相信他的雇员有高度的忠诚与士气，并坚信他们会因他的开明领导而努力工作。

3. 查里

查里说他面临的基本问题是自己部门与其他部门的职责分工不清。他认为不属于他们的任务都安排到他的部门，似乎上级并不清楚这些工作应该由谁来做。

查里承认他没有提出异议，他说这样做会使其他部门的经理产生反感。他们把查里看成是朋友，而查里却不这样认为。

查里说过去在不平等的分工会议上，他感到很窘迫，但现在适应了，其他部门的领导也不以为然了。

查里认为纪律就是使每个员工不停地工作，预测各种问题的发生。他认为作为一个好的管理者，没有时间像鲍勃那样握紧每一位员工的手，告诉他们正在从事一项伟大的工作。他相信，如果一个经理声称为了决定将来的提薪与晋职而对员工的工作进行考核，那么，员工则会更多地考虑他们自己，由此会产生很多问题。

他主张，一旦给一个员工分配了工作，就让他以自己的方式去做，取消工作检查。他相信大多数员工知道自己应该怎么做工作。

如果说存在问题，那就是他的工作范围和职责在生产过程中发生的混淆。查里的确想过，希望公司领导叫他到办公室听听他对某些工作的意见。然而，他并不能保证这样做不会引起风波而使情况有所改变。他说他正在考虑这些问题。

思考及讨论

（1）你认为这三个部门经理各自采取的是什么领导方式？这些模式都是建立在什么假设的基础上的？试预测这些模式各将产生什么结果？

（2）是否每一种领导方式在特定的环境下都有效？为什么？

（二）知识分子太难管了

有一个实力较强的应用科学研究所所长是一位有较大贡献的专家，他是在"让科技人员走上领导岗位"的背景下，被委任为所长的，没有领导工作的经历。他上任后，在科研经费划分、职称评定、干部提升等问题上，实行"论资排辈"的政策；在成果及物质奖励等问题上则搞平均主义；科研项目及经费只等上级下拨。广大的中青年科技人员由于收入低且无事可做纷纷到外面从事第二职业，利用所里的设备和技术捞私利，所里人心涣散。

上级部门了解情况后，聘任了一位成绩显著的家用电器厂厂长当所长，该厂长是一位转业军人，是当地号称整治落后单位的铁腕人物。新所长一上任，立即实施一系列新的规章制度，包括"坐班制"，并把中青年科技人员集中起来进行"军训"，以提高其纪律性；在提升干部、奖励等问题上，向"老实、听话、遵守规章制度"的人倾斜。这样一来，涣散的状况有所改变，但大家还是无事可做，在办公室看看报纸、聊聊天，要求调离的人员不断增加，员工与所长之间也经常出现矛盾。一年后，该所长便辞职而去并留下了"知识分子太难管了"的感叹。

上级部门经过仔细的分析和研究后，又派一位市科委副主任前来担任所长。该所长上任后，首先进行周密的调查，然后在上级的支持下，进行了一系列有针对性的改革，把一批有才能、思想好、有开拓精神的人提升到管理工作岗位，将权力下放到科室、课题组；奖励、评职称实行按贡献大小排序的原则；提倡"求实、创新"的工作作风；在完成指定科研任务的同时，大搞横向联合，制定优惠政策，面向市场。从此，研究所的面貌焕然一新，原来的一些不正常现象自然消失。科研成果、经济效益成倍增长，成了远近闻名的科研先进单位。

思考及讨论

同一个研究所，为什么不同的人来当所长会有大不相同的结果？

（三）海底捞如何点燃员工的服务激情

海底捞作为中国餐饮企业的一家标杆型企业，享誉海内外，成为哈佛的商业案例，更被当作国内无数商学院的案例分享课堂，《海底捞你学不会》更是成为风靡一时的热门管理读物。不断推陈出新的服务项目，永远热情洋溢的服务员，有些门店甚至凌晨都需要排队的火爆场面，都揭示了这家企业的不俗实力。海底捞的成功离不开一群视海底捞为家的可爱员工。在几乎所有的企业都在抱怨员工不主动、不积极、不努力、没动力、没激情时，海底捞是如何让员工充满激情地、热血沸腾地工作呢？著名培训师贾萌将海底捞的激励措施总结为"七有"，它们是：

我有信仰。海底捞的核心价值观是"双手改变命运"。这句话看似普通，但对海底捞的员工来说，却大有深意，因为海底捞的高管都是从基层一线亲自端盘子奋斗出来的，这里所说的"双手改变命运"不是抽象意义的说教，而是具有强烈的现实内涵，即海底捞的员工只需要勤恳、努力、兢兢业业地做事，一定可以改写个人命运。

我有期望。海底捞的许多一线员工都来自偏远省份的农村，出身于普通家庭，没有背景和资源，社会阅历浅，学历层次普遍偏低，技能差，很难有出人头地的机会。海底捞的副总杨小丽就是这样的一个典型，一步一步从最普通的员工成长为公司的高管，还上了学、买了房，实现了个人命运的重大转变。许许多多的海底捞员工都把杨小丽当作自己的榜样，期望能实现自己的梦想。

我有权力。海底捞是最能授权的一家企业。海底捞的基层服务员有免单权，即根据现场服务出现的情形，海底捞的服务员有权决定给客人免单，请注意是免单而不是打折。充分的授权不仅没有导致服务员滥用权力，反而激起了他们更高的责任意识和服务意识，让他们觉得只有提供更高质量的服务才对得起公司和管理人员的信任。

我有压力。海底捞有一个内部刊物，刊物中的重要栏目是曝光各个门店的服务质量，这种曝光不是含蓄、隐晦的批评，而是非常大胆直接、指名道姓地揭露，即明确提出某月某日某个门店甚至某个管理人员或服务人员存在着具体哪些不足，而且这个内部刊物有一个规定，即在上一期被点名批评的门店和个人，在下一期刊物中要提出明确的整改措施并说明整改效果。海底捞对待工作整改，还有一个"七个不放过"的工具，强调彻底整改。这样的监督和整改力度使每个人都有压力。

我有能力。海底捞内部有着运作良好的师徒制和内部培训体系，帮助员工一步一步地提升能力，同时海底捞还有多元化的发展通道，不必只走管理人员一条通道，只要你有一技之长，都可以得到充分的发展。

我有支持。海底捞有一个传统：在工作特别繁忙的时候，比如节假日的用餐高峰期，海底捞的管理人员包括高管都要到基层一线，支持基层员工的服务工作。这时，你分不出哪位是高管，哪位是普通员工，大家都是服务客户的服务员。这样的机制让海底捞缩小了管理层与员工的隔阂，拉近了彼此的距离，让员工感受到了公司的支持。

我有幸福感。只有员工对工作满意，他们才会有更高的主动性去服务客户。海底捞有一系列的举措帮助员工提高幸福感：第一家给普通员工引进 EAP 计划，给员工父母发工资，尽最大可能改善食宿条件，给资深员工授予荣誉，等等，以切实的行动提高员工的幸福感。

思考及讨论

（1）请结合员工激励的相关理论，分析海底捞的激励措施。

（2）请问海底捞的这些激励措施对知识型员工是否适用？在对知识型员工进行激励的过程中，哪些因素应该强化，哪些因素可能需要弱化？

（四）惠普公司的组织文化

惠普公司是世界上最大的电脑公司之一。早在 1997 年，其计算机产品的营业收入就占其总收入的 80% 以上，仅次于 IBM。惠普公司也是全球著名的电子测试测量仪器公司，它拥有 29000 种各类电子产品。惠普的工厂和销售部门分布于美国 28 座城市，以及欧洲、加拿大、拉丁美洲和亚太地区。到底是什么支持着惠普公司有今天的成就呢？

公司创始人休利特相信，员工们都渴望把工作干得出色、干得有创造性，只要为他们提供适当的环境，他们就能做到这点。体贴和尊重每个人，承认个人的功绩是公司的一大传统。多年前，公司就不实行上下班计时制了，最近又推行了一项灵活的工作时间方案。为每位员工提供了一种能够按个人生活习惯来调整时间的机会。公司还实施了独具特色的"实验仪器完全开放政策"，这项政策不仅允许工程技术人员自由使用实验设备，而且还鼓励他们把设备带回家里去自行使用。这项政策实施后，大大激发了技术人员的研发热情，为公司的科学研究和产品创新奠定了良好的基础，蓄积了强大的实力。

正是公司尊重员工的文化大大激励了员工工作的动力，这才是公司长盛不衰的秘诀。

思考及讨论

（1）请运用赫兹伯格的双因素理论，谈谈对惠普公司激励措施的理解。

（2）结合惠普的案例，谈谈应该如何对知识型员工进行激励。

（五）新生代员工的奇葩辞职信及公司管理层的神回复

人物：①小 No："90 后"，互联网运营岗。②刀把："80 后"，小 No 的直线领导。③我："70 后"，两个人都认识，互联网公司高管。

小 No 又离职了。

这是我认识她一年多以来，她的第三次离职。和前两次相同的是，这次毫无疑问又是裸辞；和前两次不同的是，这次小 No 居然写了长长的辞职信，让我倍感诧异，因为这完全不是她的风格。辞职信交上去了，刀把居然还回应了。在我印象里，他之前对于员工辞职的态度一向都是爱谁爱谁。

下面是小 No 和刀把有关辞职这件事的互喷集锦，附上我的点评。

小 No：

首先声明，我之所以写这封辞职信，完全是因为公司的奇葩规定：辞职信必须超过 500 字才给办理离职手续。否则就 5 个字：老娘不干了！！！（标点不要算在里面哦）然后做成一个牌子，像奥运举牌小姐一样举着绕公司一周，以示交接完成。

刀把：

首先，500 字的辞职信是希望每个人在离职前都能认真思考自己的决定，并客观总结在公司的得与失，没有为难大家的意思。不可否认的是，之前不少离职的同学在信中说出了他们的心里话，有的又选择留下，有的则为公司提升管理水平和员工满意度提供了不错的意见。所以，在这里还是要感谢你的辞职信，虽然我对当中的某些观点持不同意见。

我：

500 字辞职信的规定还是头回听说，有点新意。常规做法是离职面谈和离职员工调查表，但流于形式的多。不在沉默中爆发，就在沉默中死亡。有的时候，爆发出来也挺好。听说刀把他们公司还有离职员工因为辞职信写得好而得奖的，算是员工关系操作中一种新的尝试。

小 No 的第一条离职理由：

公司居然不让在办公区收快递——这是最重要的原因了。那么大冷的天，我还得一趟一趟往楼下跑，这可是 21 层欸，我还怎么和那个帅气的快递小哥温柔地交流呢？

刀把：

对于你平均一天三趟下楼取快递来说，21 层楼确实有点残忍。从不时经过你的办公桌时看到你浏览的页面，我估计你的这些订单至少有 80% 都是在工作时间完成的，加上你每天下楼取件的时间，一个小时怎么都是需要的，虽然我从来都没有跟你提到这点。至于你说的快递小哥，我真心觉得他不够帅。

我：

"90 后"果然就是"90 后"，第一条离职理由就语出惊人。看来除"冬眠说"、"姨妈说"之外，现在还可以加上一条"快递说"。90 后都是原生态的剁手党，但刀把你可以隐忍这么久，真不愧是有容乃大。极端的做法有封网的，但我想大多数的管理者都对上班网购这个事情一筹莫展。

小 No 的第二条离职理由：

最烦你一遍一遍地给我们洗脑，什么价值观啦，什么责任感啦，什么设定目标啦，每次一开会就说这个，每次一聚餐就说这个，呜呜呜，我喜欢吃的大虾都凉了。客观效果是这几个月减肥效果不错——说到我没有胃口。

刀把：

如果你把梳理目标和安排工作叫做洗脑的话，那么除非你不上班，否则估计走到哪里你都躲不开。上次聚餐的大虾虽然有点凉了，但是你还是吃了 12 只中的 7 只。顺便说一句，我还真没觉得你瘦了，因为上周你刚刚嚷嚷椅子太小坐不下，要求给换个大的。

我：

"70 后"、"80 后"最头疼的事情，可能就是怎么给"90 后"开会了。价值观宣贯这种事根本就是对牛弹琴，经常是你卖力地讲，他在下面微笑且迷茫地看着你，心中万头草泥马奔腾。"90后"是互联网的原住民，是虚拟社会里的主人，在现实生活中交流经常呈现木讷、发呆、不屑、迷茫等表情，他们其实是现实生活中非常不善于和人打交道的一群人。这样讲吧，"70后"基本是线下的，"80后"是线上线下两栖的，而"90后"就只有线上了。经常见到"90后"在虚拟空间里谈笑风生、逗比无限，一旦进入面对面的交往，就像鱼上了岸一样。(鱼上了岸啥样？大口喘气翻白眼啊。)

现在有些公司已经把企业文化项目开发成线上游戏的方式，据说对"90后"的效果不错。

小 No 的第三条离职理由：

最不喜欢公司的读书会，辣么长的文章，还要每周一本，开会说心得，抱歉我无法保持注意力超过 30 分钟。

刀把：

工作需要保持专注，这是公司针对年轻员工注意力漂移而设定的培训科目。我注意到你在开会时平均不到 3 分钟就要玩一下手机，这说明你确实需要提升一下专注度了。不然就算是上厕所的十分钟，如果你忘带手机，我都怕你无法顺利完成整个"作业"流程。你好像上个月刚把手机掉坑里了吧。当然读书的书目还需要改进调整，更符合你们的特性。你有什么建议吗？

我：

刀把的回应够毒舌。手机、iPad 和电脑是"90后"成长中的三大要素。在享受新技术带来的愉悦时，不可否认的是全民的注意力和耐心下降了。我的手机就经历了从背包，到裤兜，再到手里拿着这三个位置的变迁，相应的查看频率也从一天数次提高到了一小时数次。所谓的时间碎片化和信息碎片化，带来的后果是心态的碎片化，浮躁的气质就从中产生。这是一个无可逆转的趋势，对抗只能是螳臂当车。通过习惯调整做适度的平衡倒是一个可行的办法，于是很多诸如深度阅读、冥想、野外拓展等方法在当下流行，算是一种反省之后的回潮吧。

小 No 的第四条离职理由：

办公环境差强人意，我知道公司在这上面花了不少钱和心思。但就是工位太小了，旁边的姐姐是个重口味，每天不是韭菜，就是咖喱加大蒜，混合着她的 Chanel 5，算是世上最奇葩的味道，没有之一。在离职的最后一天，我准备生吃两头大蒜，对冲一下这种风险。

刀把：

呃……

我：

呃……顺便问一句，能介绍我认识一下这位姐姐吗？

小 No 的第五条离职理由：

年会只抽到保温杯，我勒个去，iPhone 6 呢，现金 5000 元呢，马代双人游呢，哪怕是一年姨妈休假券也行啊。我在这公司手气也太背了吧，这么背的环境，你让我怎么待下去。

刀把：

亲，能把你的保温杯给我吗？我啥都没抽到。

我：

还有姨妈券这种东西，那男生抽到怎么办？

小 No 离职的最后一条理由：

工资也太低了吧，我辛苦读书 16 年，堂堂二本毕业，8000 块的月薪，扣掉各种，拿到手也就 6000 多，还不如老妈每个月给我的零花钱多呢。除了裸辞，我别无选择。你总说我们"90 后"没有目标感，还总说你当初如何如何，是怎么白手起家在北京买房买车的。拜托，我老爸老妈有三套房，加上爷爷奶奶姥姥姥爷的房，够我一星期不重样换着住的。你的那些目标不是我的目标。我只要——开心地上班，开心地生活。其他与我何干？

刀把：

你可以开心地啃老，我没人可啃。

我：

"70 后"基本上无老可啃，"80 后"可以小口小口地啃，"90 后"都不啃了，只是张着嘴等着"老"来喂。

尾声

小 No 最终没有离职。第一是她出去转了一圈，发现 8000 元的月薪并没有

那么好拿。第二是公司让她参与游戏化的"90后"员工管理系统的开发工作，她觉得挺有意思的。最重要的是，她老妈把她每个月的零花钱给停了。

思考及讨论

结合新生代员工的特点，谈谈该如何对"90后"员工进行有效激励？

（六）单向的信息沟通

联合制造公司总经理奥斯特曼对随时把本公司经济上的问题告诉雇员们的重要性非常了解。她知道，由于市场价格不断跌落，公司正在进入一个困难的竞争时期。同时她也清楚，为了保住她的市场份额，必须降低本公司产品的出售价格。

奥斯特曼每月向所有雇员发出一次题目为"来自总经理部"的信，她认为这是传递信息的一种好方式。然而，一旦出现了重要情况，她还要把各部门负责人召集到那个简朴的橡木镶板会议室。在她看来，这样做会使这些负责人确实感到他们是管理部门的成员并参与了重大决策的制定。根据会议的礼仪规定，所有与会人员都要在预定时间之前就座，当奥斯特曼夫人进来时要起立致意，直至得到允许后再坐下。这次会议，奥斯特曼进来后只简单地点了点头，示意他们坐下。

"我叫你们都来，是想向你们说明我们所面临的可怕的经济形势。我们面对的是一群正在咬我们脚后跟的恶狼一样的对手。他们正在迫使我们以非常低的价格出售我们的产品，并且要我们按根本不可能实现的日期交货。如果我们这个大公司——自由企业的一个堡垒——还打算继续存在下去，我们所有的人就都要全力投入工作，齐心协力地干。下面我具体地谈谈我的意见。"

在她发表完意见以后，奥斯特曼用严厉的目光向在座的人扫视了一下，似乎在看是否有人敢讲什么。没有一个人说话，因为他们都知道，发表任何意见都会被奥斯特曼夫人看成持有不同意见。"首先，我们这里需要想像，我们需要积极思想的人，而且所有的人都应当通力合作。我们必须要使生产最优化，在考虑降低成本时，不能对任何一个方面有所疏忽。为了实现降低成本的应急计划，我在公司外聘请了一个最高级的生产经理。"

"我们要做的第二件事是最大限度地提高产品质量。在我们这个企业里，质量就是一切。每部机器都必须由本部门的监督员按计划进行定期检验。只有经过监督员盖章批准后，机器才能开始运转，投入生产。在质量问题上，再小的事情也不能忽视。"

"在我的清单上列的值得认真考虑的第三个问题是增强我们的推销员的力量。顾客是我们这个企业的生命线，尽管他们有时不对，我们还是要态度和气地、灵活地对待他们。我们的推销员必须会做生意，使每一次推销都有成效。公司对传销员的酬报办法是非常公正的，即使如此，我们还打算通过提高滞销货的佣金率来增加他们的奖金数额。我们想使这个意见在董事会上得到通过。但是，我们必须保住成本，这是不能改变的。"

"最后，我要谈谈相互配合的问题。这对我们来说比其他任何问题都更加重要。要做到这一点，非齐心协力不可。领导就是配合，配合就是为同一目标共同努力。你们是管理部门的代表，是领导人，我们的目标你们是知道的。现在让我们一起努力工作，并迅速地把我们的这项复杂的事情搞好吧！要记住，我们是一个愉快的大家庭！"

奥斯特曼结束了她的讲话，参加会议的人都站了起来，静立在各自的椅子旁。奥斯特曼收起文件，离开会议室朝她的办公室走去。

思考及讨论

（1）这次会议的目的是什么？

（2）奥斯特曼究竟想说什么？你认为她的分析正确吗？

（3）假若这次会议由你安排，你打算怎样来保证双向的沟通？

（七）小道信息

斯塔福德航空公司是美国北部一个发展迅速的航空公司。然而，最近在其总部发生了一系列的传闻：公司总经理波利想出卖自己的股票，但又想保住自己总经理的职务，这是公开的秘密了。他为公司制订了两个战略方案：一个是把航空公司的附属单位卖掉；另一个是利用现有的基础重新振兴发展。他自己曾对这两个方案的利弊进行了认真的分析，并委托副总经理本查明提出一个可供参考的意见。本查明曾为此起草了一份备忘录，随后叫秘书比利打印。比利打印完后即到职工咖啡厅去了，在喝咖啡时比利碰到了另一位副总经理肯尼特，并把这一秘密告诉了他。

比利悄悄地对肯尼特说："我得到了一个极为轰动的最新消息。他们正在准备成立另外一个航空公司。他们虽说不会裁减职工，但是，我们应该联合起来，有所准备啊！"这话又被办公室的通讯员听到了，他立即把这消息告诉他的上司巴巴拉。巴巴拉又为此事写了一个备忘录给负责人事的副总经理马丁，马丁也加入了他们的联合阵线，并认为公司应保证兑现其不裁减职工的诺言。

第二天，比利正在打印两份备忘录，备忘录又被路过办公室的探听消息的人摩罗看见了。摩罗随即跑到办公室说："我真不敢相信公司会做出这样的事来。我们要被卖给联合航空公司了，而且要大量削减职工呢！"

这消息传来传去，三天后又传回到总经理波利的耳朵里。波利也接到了许多极不友好，甚至敌意的电话和信件。人们纷纷指责他企图违背诺言而大批解雇工人，有的人也表示为与别的公司联合而感到高兴。而波利则被弄得迷惑不解。

思考及讨论

（1）管理者应如何对待企业中的非正式沟通？

（2）总经理波利怎样才能使问题澄清？

（3）这个例子中发生的事是否具有一定的现实性？应如何避免？

（八）一次战略方案制订引起的风波

天讯公司是一家生产电子类产品的高科技民营企业。近年来，公司业务发展迅猛，然而，最近在公司出现了一些传闻。公司总经理邓强为了提高企业的竞争力，在以人为本、创新变革的战略思想指导下，制订了两个战略方案：一是引入换血计划，年底从企业外部引进一批高素质的专业人才和管理人才，给公司输入新鲜血液；二是内部人员大洗牌计划，年底通过绩效考核调整现有人员配备，内部选拔人才。邓强向秘书小杨谈了自己的想法，让他行文并打印。中午在公司附近的餐厅吃饭时，小杨遇到了生产部经理张建波，小杨对他小声说道："最新消息，公司内部人员将有一次大的变动，老员工可能要下岗，我们要有所准备。"这些话又恰巧被财务部的会计小刘听到了。他又立即把这个消息告诉了他的主管老王。老王听后，愤愤说道："我真不敢相信公司会做出这样的事情，换新人，辞旧人。"这个消息传来传去，两天后又传回邓强的耳朵里。公司上上下下都处于十分紧张的状态，唯恐自己被裁，根本无心工作，有的甚至写匿名信和恐吓信对这样的裁员决策表示极大的不满。

邓强经过全面了解，终于弄清了事情的真相。为了澄清传闻，他通过各部门的负责人把两个方案的内容公布给全体职工。他把所有员工召集在一起来讨论这两个方案，员工们各抒己见，但一半以上赞成第二个方案。最后邓强说："由于我的工作失误，引起了大家的担心和恐慌，很抱歉，希望大家原谅。我制订这两个方案的目的就是想让大家参与决策，一起为公司的人才战略出谋划策，其实前几天大家所说的裁员之类的消息完全是无稽之谈。大家的决心就是我的信心，我相信公司今后会发展得更好。谢谢！关于此次方案的具体内容，欢迎大家随时向我提问和贡献建议。"

通过民主决议，该公司最终采取了第二个方案，由此，公司的人员配置率得到了大幅度的提高，公司的运作效率和经营效益也因此大幅度增长。

思考及讨论

(1) 案例中的沟通网络或渠道有哪些？请分别指出，并说出各自的特点。

(2) 案例中邓强的一次战略方案的制订为什么会引起如此大的风波？

(3) 如果你是邓强，你能从中吸取什么样的经验和教训？

四、寓言故事中的"领导"

（一）草原动物的首领

在美丽的草原上，生活着马、牛、羊、驴、兔子、狗等几个家族。他们生活在一起，互相帮助、互相爱护，空闲的时候还常常聚在一起，举办各种活动。草原美丽、宁静，草原的生活温馨、和谐！

有一天，不知从什么地方搬来了老狼一家，草原的气氛开始紧张起来了。老狼一家在草原上横冲直撞，不断袭击草原上善良的居民们，好几个草原伙伴差点丧生在狼口之下。

为了赶走老狼家族，使美丽的草原恢复昔日的和谐与温馨，草原上的居民们决定推举一位首领，领导大家共同对付老狼家族。

推举首领的大会如期举行，推举程序充分体现了民主、集中的原则。首先由大家推举候选人，然后集体对候选人进行评议，最后根据评议结果选出大家都认可的领导者。经过大家认真推选，候选人出来了，他们就是：老牛家族的老牛憨憨、马家族的小马飞飞、驴家族的小驴灰灰以及狗家族的小狗旺旺。

很快，评议就围绕四位候选人展开了，评议过程自然是十分热烈的，在此就不作详细描述了。评议结果是这样的：

老牛憨憨：虽勤劳忠厚、身体强健，但缺乏做领导的气质与风度。

小马飞飞：虽英俊健美、气质非凡，但缺乏领导应有的沉稳，他那披肩长发虽使他显得飘逸俊美，但与领导的身份是格格不入的。

小狗旺旺：虽聪明勇敢，热心公益事业，但是身材矮小，毫无领导风度。

最后，草原动物首领的人选被锁定在小驴灰灰身上了。大家一致认为，小驴灰灰不仅外表庄重、体态适中、气度威严，而且讲话声音洪亮、震慑力强，发起威来颇具威势，非常符合当领导的条件，是草原动物首领的最佳人选。于是，全票通过，小驴灰灰顺利当选为草原动物的首领。

当晚，草原上进行了盛大的篝火晚会，以庆祝草原首领的产生。小驴灰灰在晚会上做了充满激情的演讲，讲述了自己从一个不懂事的小驴成长为草原动物首领的历程。小驴的演讲很有煽动性，博得了大家的阵阵掌声。

在篝火晚会举行的同时，老狼家族的成员都躲在不远的小土丘后面窥视着会场，静静地等待着动手的机会。当主持人小羊咩咩宣布晚会结束的同时，老狼带领狼群冲向了会场。草原动物们在毫无防备的情况下，被冲了个措手不及，会场乱作一团。草原首领小驴灰灰大喊几声，见毫无效果就准备自己逃命去了。正在这个时候，小狗旺旺带领小狗家族的成员冲向了狼群。小狗旺旺一边指挥小狗家族成员与狼群作战，一边安顿大家不要慌。他让老牛家族组成牛墙保护小羊家族及小兔家族；让小马家族派人去请求外援；其余的成员和他及小狗家族成员与老狼家族战斗。在小狗旺旺的组织之下，大家不再慌乱，共同投入了对老狼家族的战斗。最后，战斗以老狼家族的落荒而逃宣告结束。草原动物中，除了小驴灰灰及小狗家族的几个成员受伤外，没有什么其他损失。

第二天，草原动物们在小狗旺旺的组织下，对前一天的战斗做了认真的分析与总结。小驴灰灰做了深刻的检讨，并主动辞去了草原动物首领的职务，推荐小狗旺旺为新首领，大家一致通过。小狗旺旺也没有做什么就职演说，只是给大家分了工。以小驴灰灰为首的小驴家族负责警戒，发现情况及时以最洪亮的声音给大家传递信息；老牛家族负责保护小羊家族及小兔家族等弱小群体；小马家族成员负责侦查与后勤保障工作；小狗家族组成突击队，随时在草原上巡视，发现问题或接到警报随时组织战斗。

随后，老狼家族又发动了针对草原动物的攻击，都在小狗旺旺的组织与指挥下被打败了。最后，老狼看看实在无法在这片草原上讨到便宜，带着他的家族逃走了。

从此，草原变得更加和谐、美好了。

思考及讨论

结合案例讨论团队领导的构成要素。

（二）黄羊王国的新规矩

在美丽的草原深处有一个黄羊王国，这个王国拥有一片草原上最好的草场，这片草场四面环山，只在北面的两座山之间有一个通往山外的缺口。黄羊王国的居民们一年四季都在这片草原上生活、繁衍。随着居民数量的不断增加，这片草场的压力越来越大，有着明显的退化趋势。为了保住这个美丽的家园，黄羊王颁布了一条新的规矩，就是春、夏、秋三季所有王国的成员都必须通过北面的山口外出采食。

新规矩公布后，大部分王国成员都按规矩外出采食，只有一小部分不以为然，它们认为放着这么好的草不吃，实在是一件十分愚蠢的事情。于是他们总是想方设法偷偷地就地采食。

黄羊王发现还有成员就地采食后想，如果这种行为不坚决制止，自己颁布的新规定很快就会流产，那样的话整个黄羊王国就危险了。可偷偷就地采食的成员不在少数，如果采取强硬的措施，必然会引起王国的混乱。想了很久以后，黄羊王和自己的儿子商量之后，定下了一条苦肉计。

一天，黄羊王的儿子就地采食被黄羊王发现了。傍晚时，当外出采食的成员都回到驻地的时候，黄羊王召集所有成员开会。黄羊王的儿子被五花大绑地押到了会场，黄羊王当场宣布了儿子的违规行为，并决定对它实施五天不准进食的惩罚。许多成员向黄羊王求情，黄羊王依然表现得铁面无私。

就这样，黄羊王最疼爱的儿子被绑在了一棵树上，五天水草不进。看到黄羊王的儿子受到这么重的惩罚，那些不肯外出采食的成员们也都开始乖乖地外出了。此后，除了因病获得黄羊王特批的成员外，再也没有私自就地采食的现象发生了。

很快就进入了严冬，山外的草场都被厚厚的积雪覆盖了，很多草原动物都因无法觅食，连冻带饿死去了。黄羊王国的这片草场因为四面环山，积雪明显比山外薄得多，加之经过春、夏、秋三季的严格保护，这里的草依旧很茂盛。黄羊王国不仅依靠这片草场平安地度过了这个寒冷的冬季，而且还增加了不少新成员。

第二年开春，由于大家充分享受到了新规矩带来的好处，所有的成员都开始自觉地外出采食了。而且经过每天的长距离奔跑，王国成员们的体质越来越好，成了草原上最强大的黄羊群体。

思考及讨论

讨论在组织变革中如何有效地发挥领导力？

五、历史故事中的"领导"

（一）刘邦论取胜之道

垓下一战，刘邦终于取得了决定性的胜利，打败项羽，建立汉朝。为了庆祝胜利，刘邦大摆酒席，宴请群臣，酒酣耳热之际，刘邦向众人提问："请教各位，我们如何能得天下，而项羽又如何失去天下？"有的大臣恭维说："陛下获天时、占地利，有上苍保佑，有神佛扶持，显示了真命天子的本色。"刘邦听了笑而不语。

又有大臣补充道："陛下更有人和，有功必赏，有过则罚，赏罚分明，故而众志成城，齐心协力，夺取天下。而项羽却嫉妒有才能的人，谁有本事就怀疑谁，打了胜仗也不记功，得到了土地也不给记功，因此，他才会失败。"刘邦微微领首。众人又你一言我一语地发表各自的见解，无非是恭维刘邦雄才大略、智谋过人、用兵得当，等等。

刘邦听了群臣的议论，笑着说，"你们的话也对也不对，所谓的对，只知其一；所谓不对，则不知其二。"

席间一片寂静，众臣都侧耳细听刘邦的高论："我是一介草民，起事时，仅仅是区区一个驿亭亭长，斩白蛇，举义旗，屡遭挫折，多次濒临死亡，但终究图大业，获取天下，立朝建国，正是由于我尚有自知之明，并不过分相信自己的才能和运气。要知道，论出谋划策，运筹帷幄，决胜于千里之外，我比不上张良；论治国安民，筹措粮草，我比不上萧何；论指挥军队，统兵作战，攻必克、战必胜，我比不上韩信。我之所以能统一天下，并不是我有什么超人的本领，更不是我有什么神灵保佑，只不过我看到了自己的不足，借用了别人的长处来补偿自己的不足，处处礼待像张良、萧何、韩信这样的能人，信任他们，充分发挥他们的才能，所以才得到了天下。项羽却相反，他认为自己了不起，看不见别人的才能。其实他手下也有很多有才能的人，由于他容不得人，有的跑到我这里来了，有的销声匿迹了，连范增这样有本事的人都不重用，所以就失去了天下。"

众臣听了刘邦的话，都心悦诚服。

思考及讨论

从领导特性理论的角度分析，如何成为一个高效的领导者？

（二）楚庄王的宽容

有一次，楚庄王举行宴请，招待群臣，席间让其心爱的妃子给大臣斟酒。夜幕降临，众人皆有醉意。突然一阵风来，吹灭了烛火，有大臣近水楼台先得月，非礼斟酒妃子。妃子非常机智，与其周旋，及时逃脱并顺手扯断了大臣帽子上的佩缨。妃子很生气，跑到楚庄王身边，要求楚庄王处分那个无礼的大臣。

楚庄王心里想："酒酣之际，又逢烛火熄灭，人们难免会一时冲动。如果大动肝火，难免会扫大家的兴，更重要的是可能会因此失掉一个能干的人。"因此，就悄悄地安慰了妃子，重新点上烛火，下命令说："今晚我们来个一醉方休。为了喝个痛快，我们来将帽缨都拉断。"于是，楚庄王和群臣喝得尽欢而散。

几年后，楚国围困郑国，有个大将杀敌十分勇敢，交锋五个回合，斩杀敌人五个首领，帮助楚国取得大胜。楚庄王派人打听那个杀敌勇敢的大将，发现正是当年被爱妃扯断帽缨的那个人。

思考及讨论

结合案例，谈谈领导者该如何激励下属？

（三）眼前与将来

有一天，齐王上朝，郑重其事地对大臣们说："我国地处几个强国之间，军务防备年年都要搞。这次我想来个大的行动，彻底解决问题。"谋士艾子上前问道："不知大王有何打算？"

齐王说："我要抽调大批壮丁，沿国境线修起一道长长的城墙。这道城墙东起大海，西经太行，接上武关，连绵四千里，同各个强国隔绝开来。从此，秦国无法窥伺我国西部，楚国无法威胁我国南部，韩国和魏国也不敢牵制我国左右。你们说，这不是一件很伟大、很有价值的事吗？"

艾子说："大王，这样大的工程，百姓们能承受得起吗？"

齐王说："是的，百姓筑起这么大的城墙的确要吃些苦头，但这样做能从此减少战争带来的灾难。这一劳永逸的事，谁会不拥护呢？"

艾子沉吟片刻，认真而诚恳地对齐王说："昨天一大早，下了场大雪，我在赶赴早朝的途中，看见道旁躺着一个人，他光着身子，快要冻僵了，却仰望着天空唱赞歌。我十分奇怪，便问他为什么这么做。他回答说，'老天爷这场雪下得真好啊，可以预料明年的小麦大丰收，人们可以吃到廉价的麦子了。可是，明年却离我太远了，眼下我就要被冻死了。'大王，臣以为，这件事正像您今天说的筑长城，老百姓眼下正生活得朝不保夕，哪能奢望将来有什么大福呢？他们还不知道能不能等到修好长城的那一天，还不知道享受永逸的将会是什么人呢？"

齐王听了无言以对，放弃了修筑伟大工程的念头。

思考及讨论

试分析上述故事中艾子的沟通技巧。

六、影视作品中的"领导"

(一)《亮剑》电视剧中李云龙谈亮剑精神

李云龙在论文答辩会上的答辩：

同志们，我先来解释一下，什么是亮剑精神。古代剑客们在与对手狭路相逢时，无论对手有多么强大，就算对方是天下第一剑客，明知不敌也要亮出自己的宝剑，即使倒在自己的剑下，也虽败犹荣，这就是亮剑精神。

事实证明，一支具有优良传统的部队，往往具有培养英雄的土壤。英雄或是优秀军人的出现，往往是由集体形式出现的，而不是由个体形式出现的，理由很简单，他们受到同样传统的影响，养成了同样的性格与气质。例如，第二次世界大战时，苏联空军第16航空团P三十九飞蛇战斗机大队，竟产生了20名获得苏联英雄称号的王牌飞行员。与此同时，苏联空军某部施乌德飞行中队，出现了21名获得苏联英雄称号的模范飞行员。任何一支部队都有自己的传统，传统是什么？传统是一种性格，是一种气质。这种性格和气质，是由这支部队组建时首任军事首长的性格和气质所决定的。他给这支部队注入了灵魂，从此不管岁月流逝、人员更迭，这支部队灵魂永在。同志们，我们进行了22年的武装斗争，从弱小逐渐走向强大。我们靠的是什么？我们靠的就是这种军魂。我们靠的就是我们这支军队广大指战员的战斗意志。纵然是敌众我寡，纵然是身陷重围，但是我们敢于亮剑，我们敢于战斗到最后一人。一句话，狭路相逢勇者胜，亮剑精神就是我们这支部队的军魂，剑锋所指，所向披靡。

思考及讨论

结合李云龙的答辩，谈谈你对团队领导构成要素的理解。

(二)《欢乐颂》中效果良好的沟通与效果较差的沟通

1. 第7集安迪和魏渭吃饭谈及安迪的身世

安迪说："我是孤儿，从小被收养在国外。我对中餐的印象，也就是福利院的饭菜吧。那时候我们用的是一个陶瓷碗，还有一个铝制的调羹，就在排队等打饭。福利院的饭菜其实就是一些蔬菜上面飘着几片肥肉。"魏渭有些愣住，半天没回应，安迪接着说："吓到了?"

反应过来，魏渭说："被你的智商吓到了，也被你的坦白吓到了。我总觉得跟你网上接触又一起吃饭，总感觉你既单纯又复杂，现在谜团渐渐解开了。"

安迪问："在意吗?"

魏渭说："在意什么? 福利院长大还是你把自己培养得这么优秀?"

安迪说："你不觉得我很古怪，有点不合群吗?"

魏渭说："如果一定要说平庸普通才算不古怪的话，你确实有点古怪。要说不合群，我一直相信曲高和寡。"

安迪说："你安慰人的方式很特别。"

魏渭说："恰恰相反，我不觉得你需要安慰。"

午餐吃得很愉快。

2. 安迪和邱莹莹讨论其父购买的励志书起争执

邱莹莹失恋又失业，父亲从老家赶来，买了一些励志书。一天，邱莹莹对着视频大声喊叫，进入打鸡血的状态。安迪下班回来，发现邱莹莹房门未关，又对着电脑狂喊口号，进到邱莹莹的房间。邱莹莹给安迪展示了其父亲给她买的励志书，然后两个人展开了如下对话。

安迪说："不是前段时间刚揭穿了一个假博士吗? 这个书，逻辑不通啊。比如说这个故事，一个从没有出过国的农民，为了追债，跑遍了整个中国，然后债务人逃到国外去，他也跟到国外去，一次家都没有回，然后意外地在国外发现商机，转身一变在国外变成一代侨领。首先啊，一次从未出过国的农民，他要是出国，他是不是应该先回家办签证办护照。其次，外国人也没那么傻，遍地是黄金的故事不要相信。"

小邱说："你别不信，我上网查了，真的有这个人，不信我查给你看。"

安迪说："会有这种人，但这种故事三分真七分假，它才能够骗你这样的人。"

小邱不爱听地转身走了。

安迪接着说："小邱，我倒觉得其实你可以去思考下，成功的定义是什么? 难道一定是有钱有地位才叫成功吗? 非得要这样的成功，人生才够完美吗?"

小邱不满地说："你是饱汉不知饿汉饥，你有房有车，功成名就，当然可以责问成功，但是我不行，我现在就需要成功。"

安迪继续讲："可是逻辑不通又煽动人心的书，不是好书，真的不应该看。按照人有钱有地位才能成功的话，按照大范畴来说，成功的概率是很小的。你只能靠这些书来自己欺骗自己，说我会成功吗？"

小邱火了，质疑安迪："安迪，你是不是特别看不起我呀，我知道你比我聪明，你留过学，但是我知道我在做什么，我有分辨能力，我知道我能看什么书。我求你别管我，别替我操心了，行吗？"

安迪一脸尴尬地说："Sorry！"转身离开。

小邱不依不饶地跟出来："你看，你 so 什么 rry 啊。我没说完呢，安迪，你等会儿我，你别跟我说抱歉。我还没说完那，那是我爸给我买的书。"安迪打开房门，把邱莹莹关在门外。

邱莹莹仍旧在门外乱叫，安迪就是不开门，无奈地自言自语："不与傻瓜论短长。"

思考及讨论

结合上述两段视频，谈谈如何进行良好的沟通？

七、领导职能小游戏

（一）彩圈飞舞

1. 游戏目的

让学员通过游戏体验在三个不同的团队活动中由于反馈激励方法不同，而产生不同的工作效果。

2. 游戏程序

（1）把学员分成三个小组，组长分别扮演"积极鼓励"、"疯狂打击"、"无声无息"三个角色（角色说明书另附）。

（2）每个组每个学员发 30 个铁丝圈，在规定的距离（2米）内，扔套玻璃杯。记录套中率，即扔若干圈的命中率。每个学员套中后，可选择是否扔完铁丝圈。

3. 游戏规则

（1）学员不可越线扔圈；

（2）学员必须一个一个扔圈；

（3）每次命中后，学员如选择继续扔圈，多次命中，选择命中率最高一次为该学员成绩；

（4）最后成绩取小组的平均命中率；

（5）游戏大约为 30 分钟。

4. 游戏道具

包括：90 个铁丝圈；3 个玻璃杯；3 个角色说明书。

表 5-5　游戏统计汇总表

组　　别	总圈数	个人命中率记录	小组平均命中率

5. 注意事项

（1）辅导老师必须指导三个组长忠实执行角色要求。

（2）每个组长必须正确记录每个学员的扔圈成绩。

（3）游戏完成后，首先，公布三个组的成绩；其次请三个小组的成员代表各自谈游戏感受；再次请三个组长说明自己事先受命扮演的不同角色以及自己的感受；最后老师指出游戏的目的：三种不同的反馈激励模式会产生不同的团队工作效果。

附：参考角色说明书

角色 1——正面激励的领导：你是一个提倡正面激励的领导，在游戏的过程中，你始终鼓励你的小组成员。

角色 2——无反馈的领导：你是一个不给予成员任何反馈的领导，不管你的小组成员取得了什么样的成绩，你都是面无表情，不说话。

角色3——负面激励的领导：你是一个给成员不断打击的领导，成员在游戏过程中，你不断地打击成员的积极性。

（二）如何有效地领导"盲人"

1. 游戏目的

让学生体会到作为一个领导在分配任务、安排工作时经常容易出现的失误；理解信息沟通时容易出现的误解；探讨如何改进领导和指挥方式。

2. 游戏道具

20米长的绳子若干条（与学生的组数相同）；眼罩若干个（与学生的个数相同）。

3. 游戏规则

（1）对学生进行分组，每组9个人，一名总经理，一名总经理秘书，一名部门经理，6名普通员工。

（2）游戏内容：要求6名普通员工在戴着眼罩的情况下，将20米的绳子围成一个正方形。

（3）沟通必须逐渐进行：总经理给秘书布置工作，秘书传递给部门经理，部门经理传递给员工。员工的建议也是如此传递，部门经理有不明白的地方也必须通过总经理秘书向总经理请示。

（4）为了保证各级成员之间的逐级沟通，总经理、秘书、部门经理之间只能贴耳交谈，交谈时被第三方听见即为违规。总经理离员工操作区域要保持5米以外。

4. 游戏研讨

游戏完成之后，请团队成员分享游戏心得，谈谈对领导、授权和沟通的理解。

（三）数字传递

1. 游戏目的

团队成员之间的默契、沟通的有效性以及如何进行管理改进。

2. 游戏步骤

（1）将学员分成若干组，每组学员5~8名，并且每组选派一名组员出来担任监督员，每组人员要均等。

（2）所有参赛的组员以纵列排列好，队列的最后一人到培训师处，培训师向全体参赛学员和监督员宣布游戏规则。

3. 游戏规则

（1）各队代表到讲师面前，讲师指出："我将给每组一个数字，你们把这个数字通过肢体语言让你全组的队员都知道，并且让小组的第一个队员将这个数字写到讲台前的白纸上（写上组名），看哪个队伍速度最快，最准确。"

（2）全程不允许说话，后面一个队员只能够通过肢体语言向前一个队员进行表达，通过这样的传递方式层层传递，直到第一个队员将数字写在白纸上。

（3）比赛进行三局（数字分别是 0、900、0.01），每局休息 1 分 15 秒。第一局胜利积 5 分，第二局胜利积 8 分，第三局胜利积 10 分。局间允许小组讨论改进。

4. 游戏研讨

（1）如何进行有效的非语言沟通？

（2）P（计划）D（实施）C（检查）A（改善行动）循环中，在这个游戏中如何得到体现？

第二节　领导职能综合实训

一、领导职能实训目的

本章的教学内容是让学生理解管理的领导职能，具体包括领导的定义及构成要素、领导特征论、领导行为论、领导情景论、员工激励的定义、激励的内容型理论、激励的过程型理论、企业激励的实务、沟通的定义、沟通的基本过程、沟通的类型、影响有效沟通的障碍等。本实训的目的是通过模拟训练让学

生体会领导职能的三个主要活动（领导、激励和沟通），加深对领导职能的理解。

二、实训任务及要求

（一）实训任务 1：分析报告——看球赛引起的风波

实训任务 1 要求：

（1）实训任务案例。

东风机械厂最近发生了这样一件事。金工车间是该厂唯一实行倒班的车间，一个星球六的晚上，车间主任去查岗，发现上二班的年轻人几乎都不在岗位上。据了解，他们躲在一个角落里拿 iPad 看球赛转播了。车间主任气坏了，在星期一的车间大会上，他一口气点了十几个人的名字。没想到话音未落，人群中不约而同地站出来几个被点名的青年，他们不服气地异口同声地说："主任，你调查了没有，我们是看球赛转播了，但我们内部都有分工，我们并没有影响生产，而且……"主任没等几个青年把话说完，严厉地警告说："我不管你们什么理由，如果下次再发现谁脱岗去看电视，扣发当月的奖金。"

就在宣布禁令的那个星期的周末，车间主任去查岗时又发现，上二班的 10 个青年中竟有 6 个不在岗。主任气得直跺脚，质问当班班长。班长无可奈何地从工作服口袋里掏出三张病假条和三张调休条，说："昨天都好好的，今天早上一上班都送来了。"说着，班长朝着其他工人使了使眼色，大家都围了上来，嬉皮笑脸地说："主任，说实在话，年轻人都喜欢看球，我也爱看。这帮年轻人为了周末能看球，工作日内就加班加点把工作任务提前完成了。您看，我们是不是可以把工作时间安排灵活调整下……"

车间主任没等班长把话说完，就扭头走向了厂长办公室。剩下在场的十几号人面面相觑，不知道是福是祸。

（2）形成 4~6 人的案例分析小组。围绕上述问题，以小组为单位讨论车间主任可能会采取什么举动？二班年轻人的举动是否合理？作为一个公司领导，应该采取什么措施解决群体需求与组织目标之间的矛盾？随着越来越有个

性的新生代员工参加工作，公司管理者应采用哪种方式的领导风格？

（3）根据小组讨论的结果，撰写一份小组交流的 PPT，并组织一个团队进行组间交流。

（4）团队案例分析交流。

（二）实训任务 2：你想从工作中获取什么

实训任务 2 要求：

（1）对学生进行分组，每组人数 4~6 人。每个学生都从完成下面的问卷开始：根据某一方面对你的重要程度给下面的 12 个工作因素打分。在 1、3、5 中选择一个数字填在每个要素前。如果你没有从事过这种活动，请根据你类似的行为中的经验来思考你会怎么做，然后作答。其中，评估尺度为 5 表示"很重要"，3 表示"有些重要"，1 表示"不重要"。

1）一件有趣的工作。

2）一位好上司。

3）对我工作的认可和赏识。

4）发展的机会。

5）满意的个人生活。

6）一项有声望或地位的工作。

7）工作责任。

8）良好的工作条件。

9）合理的公司规则、规章、程序和政策。

10）通过学习新东西得到发展的机会。

11）一项我可以做好并获得成功的工作。

12）工作稳定性。

这个问卷扩展了赫兹伯格双因素理论的两个维度。为了确保保健因素或激励因素对你是否重要，请把你选择的分数填在下面的题号后：

表 5-6 双因素实训自我评价表

保健因素题号	得分	激励因素题号	得分
2）		1）	
5）		3）	
8）		7）	
9）		10）	
12）		11）	
6）		4）	
总分		总分	

（2）把每一列的得分相加，你选择的因素中，对你最重要的是激励因素还是保健因素？

（3）在小组内比较你们问卷的结果。

（4）结合上述结果，讨论对赫兹伯格理论的理解及分析对个人有激励作用的因素排序及成因。

（三）实训任务 3：我说你剪

实训任务 3 要求：

（1）将所有的学生平均分成两批。第一批参与实训的学生背朝圆心面朝外围成一个圆形坐好。每个学生领取彩纸一张，剪刀一把。第二批学生在旁边观摩但不允许讲话。

（2）按照老师的指令：把纸向上折，向下折，剪去一个等腰三角形；向左折，向右折，剪去一个等腰三角形；展开剪剩的纸，互相交流。

（3）剪纸过程不允许提问，不允许讨论，独立完成。

（4）第二批学生参与实训，采取面朝圆心背朝外的方式围成一个圆形坐好。领取剪刀一把，彩纸一张。第一批学生在旁边观摩不允许讲话。

（5）按照老师的指令：将长方形横向拿好，先由左向右折 1/3，再由右向左折 1/4，在左下角剪去一个腰长为 2 厘米的等腰三角形；将剪剩下的纸上下对折，由左向右折 1/4，再由右向左折 1/3，在右下角剪去一个腰长为 1 厘米的等腰三角形；展开剪剩下的纸，相互交流。

（6）剪纸过程允许讨论和提问。

（7）所有学生参与讨论，两次剪纸过程的区别在哪里？你得到了哪些启示？

注意：①老师准备的彩纸，长与宽的差距不宜太大，以接近正方形为好。②在比较各人的"作品"时，注意捕捉与众不同、有创新意识的理解和做法。

三、实训成果

（1）领导案例分析PPT。要求案例展示的PPT能涵盖案例提问的问题并结合课本所学相关理论。

（2）激励实训分析报告。要求能结合个人特质及内在需求分析实训中呈现的激励和保健要素排序。

（3）沟通实训总结报告。要求运用沟通理论分析两次实训游戏中的差距并提出自己提高沟通的有效对策。

四、实训成果评价标准

表5-7　实训成果评价标准

评价内容	评价标准	比例（%）
领导案例分析PPT	PPT的内容完整性与深入性	28.3
	PPT形式的美观性	5
激励实训分析报告	分析报告的逻辑性及深入性	28.3
	分析报告形式的美观性	5
沟通实训总结报告	总结报告逻辑性及措施有效性	28.3
	总结报告形式的美观性	5

五、实训场地

领导案例分析实训和激励案例分析实训可安排在教室或实训讨论室，沟通实训任务可安排在室外。

第六章

控制职能

第一节 控制职能知识点练习

一、控制职能思维导图

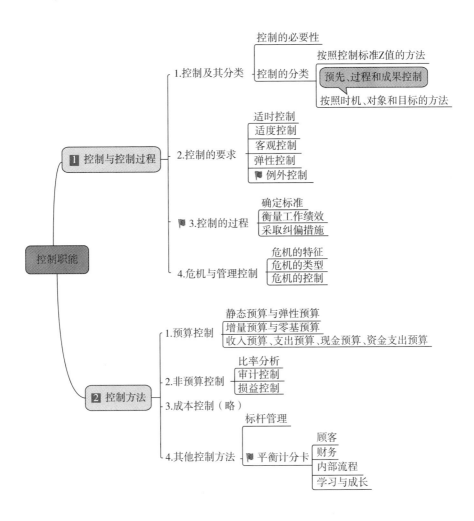

图 6-1 控制职能思维导图

二、控制职能测试

自我控制能力测试

此量表用于测量三个"领域"：一是在个人成就领域感知到的控制力，例如参加一项测验，或搭一个书架；二是交往中感知到的控制力；三是在社会政治事件中感知到的控制力，例如政府腐败或未来战争的发展。设计者发现，人们会在一两个领域中有强烈的控制力知觉，但在其他领域中却没有。

以下每个项目表明这个陈述在多大程度上符合你的情况：①＝非常不赞成；②＝不赞成；③＝有点不赞成；④＝介于赞成和反对之间；⑤＝有点赞成；⑥＝赞成；⑦＝非常赞成。

（1）能得到想要的东西是因为自己的努力。（　　　）

（2）制订计划的时候，相信自己能让它发挥作用。（　　　）

（3）喜欢带有运气的游戏，而不是纯粹需要技术的游戏。（　　　）

（4）只要下定决心，就能学会几乎所有的东西。（　　　）

（5）自己的专业成就完全取决于努力工作和能力。（　　　）

（6）通常不设定目标，因为自己很难最终实现它们。（　　　）

（7）竞争不能使人变得优秀。（　　　）

（8）人们通常靠运气获得成功。（　　　）

（9）在所有的考试、竞争中，想知道自己跟别人比做得怎样。（　　　）

（10）干一些对于自己来说太难的事情，没有意义。（　　　）

三、控制职能案例

（一）麦当劳的控制

麦当劳公司以经营快餐闻名世界。1955年，克洛克在美国创办了第一家麦当劳餐厅，其菜单上的品种不多，但食品质量高，价格廉，供应迅速，环境优美。连锁店迅速发展到每个州，至 1983 年，美国国内分店已超过 5000 家。1967 年，麦当劳在加拿大开办了首家国外分店，以后国外业务发展很快。到 2013 年，麦当劳在全球的店面已超过 30000 家，每天接待顾客达 5000 万人。

麦当劳金色的拱门允诺：每个餐厅的菜单基本相同，而且"质量超群，服务优良，清洁卫生，货真价实"。它的产品、加工和烹制程序乃至厨房布置，都是标准化的，严格控制的。它撤销了在法国的第一批特许经营权，因为它们尽管盈利可观，但未能达到在快速服务和清洁方面的标准。

麦当劳的各分店都由当地人所有和经营管理。鉴于在快餐饮食业中维持产品质量和服务水平是其经营成功的关键，因此，麦当劳公司在采取特许连锁经营这种战略开辟分店和实现地域扩张的同时，就特别注意对各连锁店的管理控制。

如果管理控制不当，使顾客吃到不对味的汉堡包或受到不友善的接待，其后果就不仅是这家分店将失去这批顾客光顾的问题，还会影响到其他分店的生意，乃至损害整个公司的信誉。为此，麦当劳公司制定了一套全面、周密的控制办法。

麦当劳公司主要是通过授予特许权的方式来开辟连锁分店。其考虑之一，就是使购买特许经营权的人在成为分店经理人员的同时也成为该分店的所有者，从而在直接分享利润的激励机制中把分店经营得更出色。特许经营使麦当劳公司在独特的激励机制中形成了对其扩展中的业务的强有力控制。麦当劳公司在出售其特许经营权时非常慎重，总是通过各方面调查了解后挑选那些具有卓越经营管理才能的人作为店主，而且事后如发现其能力不符合要求则撤回这一授权。

麦当劳公司还通过详细的程序、规则和条例规定，使分布在世界各地的所有麦当劳分店的经营者和员工们都遵循一种标准化、规范化的作业。麦当劳公司对制作汉堡包、炸土豆条、招待顾客和清理餐桌等工作都事先进行翔实的动作研究，确定各项工作开展的最好方式，然后再编成书面的规定，用以指导各分店管理人员和一般员工的行为。公司在芝加哥开办了专门的培训中心——汉堡包大学，要求所有的特许经营者在开业之前都接受为期一个月的强化培训。回去之后，他们还被要求对所有的工作人员进行培训，确保公司的规章条例得到准确的理解和贯彻执行。

为了确保所有特许经营分店都能按统一的要求开展活动，麦当劳公司总部的管理人员还经常走访、巡视世界各地的经营店，进行直接的监督和控制。例如，有一次巡视中发现某家分店自行主张，在店厅里摆放电视机和其他物品以吸引顾客，这种做法因与麦当劳的风格不一致，立即被告知要进行纠正。除了直接控制外，麦当劳公司还定期对各分店的经营业绩进行考评。为此，各分店要及时提供有关营业额和经营成本、利润等方面的信息，这样总部管理人员就能把握各分店经营的动态和出现的问题，以便商讨和采取改进的对策。

麦当劳公司的另一个控制手段，是在所有经营分店中塑造公司独特的组织文化，这就是大家熟知的"质量超群，服务优良，清洁卫生，货真价实"口号所体现的文化价值观。麦当劳公司的共享价值观建设，不仅在世界各地的分店、在上上下下的员工中进行，而且还将公司的一个主要利益团体——顾客也包括进这支建设队伍中。麦当劳的顾客虽然被要求自我服务，但公司特别重视满足顾客的要求，如为他们的孩子们开设游戏场所，提供快乐餐和组织生日聚会等，以形成家庭式的氛围，这样既吸引了孩子们，也增强了成年人对公司的忠诚感。

思考及讨论

（1）麦当劳的控制体系中都体现了哪些控制的原则？

（2）麦当劳的控制体系体现了控制的何种类型？

（二）电子监控系统带来的问题

某家公司办公室安装了电子监控系统，目的是管理者可以更好地、直接地进行管理和监控，安装之后，有一定的成效。但是并没有激发员工更多的热情，有些员工认为，系统固有的电子报告只是不必要的例行公事。因为最好的员工花费了很多时间了解客户，这种被称为"电子警察"的系统使他们很不高兴，管理者可以对他们所有的行动进行监视并通过"遥控"来威胁他们。管理得力的管理者通常是那些在员工和自己之间创造信任的人，但是电子监控系统破坏了信任关系。

思考及讨论

（1）电子监控系统有什么有优点和缺点？

（2）试讨论在电子监控系统360度无死角监控的情况下，企业该如何保护员工的个人隐私？

（三）利奇连锁店的控制系统

利奇是一家总公司设在波士顿的全国性超级连锁店，在全国范围内有150家分店。该店的集中控制方式是：由总公司高级管理人员把全国划分为不同地区，每一地区委任一位主任，同时又进一步分为几个小区，小区设经理和副经理，副经理负责协助经理每月拜访商店，地区主任评估该地区所有商店的经营管理状况，包括财务状况、清洁卫生、顾客服务、营业记录、货品陈列、执行公司政策和程序等方面。发现问题立即给店经理提醒注意改进。店内的每一部门，如日用品、食品等都有其经理人直接对商店经理负责，其他员工主要是高中毕业生，从事体力劳动，如装货卸货、摆设商品、清洁商店等。所有的员工，从助理经理以下，在被雇用一段时间后必须成为合同工。

总公司以每一地区可能的销售额为基础，为每个商店建立一个利润定额。为了配合限额压力，不但给地区主任下达利润指标，而且通过地区主任传递给商店的经理以便保证利润目标的达成。虽然没有书面政策，但当限额未能达成时，商店经理和地区主任被辞退是经常的事。

付永和是一家商店的经理，他相信民主的管理是最好的控制方式，即通过民主地建立团队，并且管理者要成为团队的一分子。他个人每天开门和关门并且切实帮助员工做体力工作。付永和公平地对待下属，相应地他也获得了回报。员工尊重他，经常加班加点地工作，又不要奖金。虽然他们知道付经理所承受的营业额的压力，但自从经理把自己当成团队的成员以后，他们从未直接感觉到这种压力。结果，这家商店在这个地区内是销售情况最好、利润最高的。然而，一些所谓"重要的"顾客开始向地区主任抱怨，付经理从来不坐在办公室里，并且以为他比较喜欢体力劳动而不喜欢管理工作。结果，付永和及小区经理一起被辞退了，理由是不执行总公司的规定。

代替付永和先生的刘庆堂先生上任后的第一件事是把开门和关门的事交给

商店的副经理去做，并且把来自总公司的利润指标压力加在每个员工身上，把利润指标分解给每个员工。他自己则主要是监督和指导。于是，员工之间开始相互竞争起来，谁也不愿意丢掉自己的饭碗。当刘经理在场时，他们拼命地表现，唯恐经理没有看见自己在工作。刘经理不在时，有些员工开始偷懒，他们认为经理不通情达理。有时副经理还会下达一些与经理不一致的指示，这就使员工更加紧张。员工开始抱怨，但没有人理睬。在地区主任来考察访问时，他注意到存货遗失和商品损坏增加的现象，同时员工病假也增多了。但刘经理却说这是临时性问题，因为刚来，员工有个适应过程。

思考及讨论

(1) 就这个案例来看，集权化是否为控制的最佳方法？

(2) 付永和与刘庆堂的控制技巧各有什么利弊？你更喜欢哪一种？为什么？

(四) 美孚石油公司的标杆管理实践

美孚石油（Mobil）是世界上最著名的石油公司，年收入数千亿美元，在市场上居于绝对领先地位，公司致力于提高服务水平和服务质量。为提高服务水平与质量，公司进行了广泛的调查。调查结果显示，只有20%的客户在乎价格，而80%客户的关注点是：快捷的服务、能提供帮助的员工、对忠诚客户给予认可。这说明公司在提高服务质量和水平方面还有很大的潜力可挖。为此，公司决定采用标杆管理的方式提升客户服务的满意度。

美孚组建了速度、微笑和安抚三个小组，寻找速度最快、微笑最甜、回头客最多的标杆企业，利用标杆企业的实践改造全美上万家加油站。三个方面的标杆企业都找到：速度小组的标杆是潘斯克公司（美国 F1 赛车的加油服务商）；微笑小组锁定丽嘉—卡尔顿酒店（全美最温馨的酒店）；安抚小组的标杆是全美回头客大王"家庭仓库"公司。

根据对标研究，速度小组的改进措施包括：服务人员身穿统一制服；在加油站外面设立停靠点；设立快速通道服务紧急客户；员工佩戴耳机保持畅通。微笑小组的改进措施则有：广泛的培训和指导；对员工的微笑给予奖励；努力记住客户的名字；准备小礼品。安抚小组的改进措施有：给一线销售员工授权；给一线销售员工更多的机会参与公司管理；转变公司管理理念；公司领导

者支持一线员工。

通过实施标杆管理，公司的经营绩效有了明显改善，客户满意度在持续提升。在外部环境不景气的情况下，销售收入连续数年保持两位数增长。

思考及讨论

（1）结合上述案例，请总结标杆管理的基本步骤。

（2）试讨论实施标杆管理可能会给企业带来哪些负面影响？

四、寓言故事中的"控制"

扁鹊三兄弟的医术

春秋战国时期，有位神医被尊为"医祖"，他就是扁鹊。一次，魏文王问扁鹊说："你们家兄弟三人，都精于医术，到底哪一位最好呢？"扁鹊答："长兄最好，中兄次之，我最差。"文王又问："那么为什么你最出名呢？"扁鹊答："长兄治病，是治病于病情发作之前，由于一般人不知道他事先能铲除病因，所以他的名气无法传出去；中兄治病，是治病于病情初起时，一般人以为他只能治轻微的小病，所以他的名气只及本乡里；而我是治病于病情严重之时，一般人都看到我在经脉上穿针管放血，在皮肤上敷药等大手术，所以以为我的医术高明，名气因此响遍全国。"

关于这则故事，现代人有许多不同的看法，因为我们从中读到的不仅仅是谦虚的美德。

思考及讨论

（1）案例中扁鹊三兄弟的医术各属于哪种控制类型？

（2）结合案例讨论不同控制类型的优缺点。

五、历史故事中的"控制"

（一）建文帝失察失王位

明朝建文帝即位不久，他的叔叔燕王朱棣前来朝见。户部侍郎卓敬秘密上书说："燕王才智过人，酷似先帝朱元璋，而他所在的北平也强手如林，才子辈出，金、元等都曾在北平建立过都城。依臣看，应早做打算，以防不测。比如将燕都迁至南昌，以断绝祸根。刚萌生而没有变化的事，称之为苗头，有了机会就发展的，称为势力。如果不趁早而为，恐怕将来无法收拾。"

建文帝见了奏文，大为吃惊。第二天对卓敬说："燕王是我的亲叔叔，同我是骨肉至亲，你怎么会说出这种话？"

卓敬回答说："杨广和隋文帝难道不是父子关系吗？后来杨广还不是篡父位了？"

建文帝没有采纳卓敬的建议。不久，燕王以"靖难"为名，起兵北平，攻破南京，建文帝死于宫中。燕王在北京即位，是为明成祖。

思考及讨论

（1）从控制的类型来看，卓敬的建议属于哪一种？

（2）试分析该类型控制的优缺点。

（二）刘晏不减费用

唐代宗时期，刘晏为东都、江淮、河南等道转运租庸盐铁使，在扬州设置场地造船。每造一艘船，发钱一百万文（一千文为一缗）。有人说实际用度不过所发钱的一半，请减少钱数。

刘晏说道："不能这样做。考虑大计的人，不可以吝惜小的费用。做什么事情，必须考虑到长久的利益。现在刚刚设置船场，办事的人很多，应当让他们的私人用度不感到紧迫，这样官家的船只才能坚固完好。如果骤然和他们斤斤计较，怎能保证船只长远可用呢！将来必有减发钱数的时机和办法。减少的数额也要有限度，不能一味降低，超过一半以上，就行不通了。"

过了若干年之后，主管人员陆陆续续地减少了，费用也自然下降了。到了懿宗咸通年间，主管人员按照实际用度发钱，不再有剩余的花费，费用是大大降低了，但船只越来越薄，也越来越容易损坏，江淮间的漕运几乎无法进行了。

思考及讨论

结合课本所学控制的常识，谈谈你对上述案例的理解。

六、影视作品中的"控制"

《欢乐颂》第2集22层5位美女在电梯里遇险应对

电梯上行，电梯突发事故，停在16层与17层之间。樊胜美打紧急电话求救。

邱莹莹完全没当回事，吧啦吧啦开始调侃，"你们知道吗？死亡率最高的几种死法里面，就有电梯死亡。前段时间微博上有一个女孩，她玩手机没看电梯，结果电梯门开了，电梯没到，她一脚踩下去，你猜怎么样？死了！活活从十几米的地方摔下去了，想想都疼。还有就是发生在我们身边的，咱们隔壁小区，一帮人进了一个电梯，结果电梯门哐当一关，结果你们猜怎么着，等人们发现的时候，把电梯门给撬开的时候，里面……"小邱讲得绘声绘色，其他人听得毛骨悚然。

关关赶紧打断，"莹莹，莹莹，你别再讲了。你这一讲我的寒毛都立起来了。"

这时小邱还很坚强，继续说："这有什么害怕的，最害怕的我还没说呢。你们知道那事吗？就国外有一女孩，她在一酒店电梯，她进了电梯，从监控录像看一个人在追她，可是那个人没有出现。那个女孩进电梯以后吧，那电梯门就死活关不上，那女孩就探出头来向外看，没有人。等她回来，感觉又被什么东西抓住一样。好像背面有人，她就这样……"小邱把背后的包取下来，做示范，"那个女孩像幽灵一样，然后手来回比画。"邱莹莹边说边模仿。

樊胜美在旁边赶紧打住邱莹莹，"行了，行了。"

曲筱绡不耐烦地说："邱莹莹，你脑子进水了呀。这个时候哪有自己吓唬自己的，万一你的乌鸦嘴灵验了，怎么办？"

小邱接话说，"呸呸，不可能灵验的。再说了，我都想好了，万一电梯真的摔下去，咱们都不会死的。到时候你们都听我的，只要电梯马上落下去的时候，我们大家一起跳起来就好了。"说完，在电梯里做了个原地起跳的动作，电梯受到影响，突然断电，瞬间，电梯里乱作一团，呼喊连连。樊胜美按电梯里的紧急电话，电梯工作人员因在外面协调修复人员，无法接电话。

小邱第一个先慌了，"物业怎么还不来人啊？是不是把我们忘了，樊姐。"所有人都在找电话，发现手机没信号。电梯里的灯忽亮忽灭，姐妹们慌作一团。小邱接着哭喊："破电梯不会不行了吧？我不想死，我不想死的，微博的那个视频跟这个一模一样，就是先哐当一下，然后灯光忽明忽暗的，电梯门一下就关上了。"

曲筱绡火了，大喊了一声，"闭嘴！"

小邱说："我是想闭嘴，可是我闭嘴的话我会更紧张。我必须得说话。我还不想死呢。白主管才刚刚约我上下班，我们俩手都没牵呢。我不想死。"其他人不理邱莹莹了，纷纷大喊，"有没有人，救命啊！"曲筱绡在大力地拍电梯。

这时安迪突然上前拉住曲筱绡，说："不准拍电梯，不准拍电梯门。你这样敲电梯的门，电梯会因为震动而随时下降。"同时，快速地把所有楼层的电梯按钮按下。

曲筱绡不解地问："你干吗呀？"

安迪说："我们现在在十六楼，必须把下面每一层都摁住，这样的话，就算电梯急速下滑，也可能因为恢复制动而停下来，也就是说，我们会有 16 次获救的机会。你们现在听我说，电梯里本来就缺氧气，我们已经在里面待了十几分钟了，所以不要再说话了，保持体力，平稳呼吸，ok？把鞋脱掉，头和背部紧贴箱壁，双腿微微弯曲。这样的话，就算是电梯急速下坠，我们都能够减少对人体造成的伤害。"

……外面救援人员赶到，展开救援工作，并与电梯里的五位开始交流，安抚情绪。

工人在作业的时候，电梯运行不平稳，忽上忽下的，电梯里的人都很紧张。小邱又在碎碎念，曲筱绡不耐烦地说，"一下子就掉下去了是吧？闭上你

的乌鸦嘴好吗?"

樊胜美为调节大家的气氛,说道:"大家现在手拉到一起,好像没有那么害怕了,是吧? 我感觉现在电梯在往上升。感觉到了吗?"

关关说:"我也感觉是往上升了一点。"

安迪说:"我们已经上升了四次,每一次差不多20公分。算起来,我们应该在16层到17层中间。我们每层楼高两米八,我们需要再上升140公分,差不多7次,这样的话,只需要3分钟我们就能获救了。"

小邱满脸疑问地问:"你怎么算的呀? 你怎么这么聪明啊。"碎碎念模式又开启了。

最终大家有惊无险地获救了。

思考及讨论

(1) 在危机状态下,有效控制的有效措施是什么?

(2) 作为一个管理者,采取控制措施有哪些技巧?

七、控制职能小游戏

(一) 游戏目的

这个游戏是典型的博弈小游戏,再现了商业领域的竞争关系和定价策略,反映出在背靠背的情况下怎样应对和预测及管理竞争对手,游说对方采取"双赢"的竞争策略,避免对方采取损人利己的行为,保证公司的利润率。

(二) 游戏规则与程序

(1) 将学生分成5~6个小组,每个小组分别代表一家航空公司在市场上经营。

(2) 市场经营的规则是:在现有的售价水平下,所有航空公司的利润率平均维持在9%左右;如果有3家以下的公司采取降价策略,降价的公司由于薄利多销,利润率会升至12%左右,没有采取降价的公司则因客源的流失而使利润率下降到6%;如果有三家或三家以上的公司同时降价,则所有公司的利润都下降到6%。

（3）每个小组派代表到小房间，教师给他们交代上述游戏规则，并告诉小组代表，他们之间需要通过协商，初步达成一种协议。每轮初步达成协议的时间是 6 分钟。初步协商之后小组代表回到小组，并将情况向小组成员汇报。时间已到未达成协议也要终止协商，返回各小组。

（4）小组经过 5 分钟讨论后，需要做出最后的决策，是降价还是不降价？并将决策写在纸条上，同时交给教师。

（5）教师公布结果。

（6）可根据时间及需要，设置多轮决策。

（三）游戏表格

表 6-1　团队计分表格

	第 1 组	第 2 组	第 3 组	第 4 组	第 5 组	……	降价组数
第 1 轮决策							
第 1 轮利润率							
第 2 轮决策							
第 2 轮利润率							
第 3 轮决策							
第 3 轮利润率							
第……轮决策							
第……轮利润率							
累积利润率							

表 6-2　团队决策表格

团队名称	游戏轮数	团队决定

（四）游戏注意事项

（1）每个小组只能有一个代表外出交流。

（2）保证所有小组同时提交小组决定。为避免小组延迟提交带来非法获利，延迟提交的小组当期利润率计为 0。

（五）游戏讨论

（1）小组讨论的出发点是什么？

（2）决策是在什么基础上做出来的？你们是否遵守约定？

（3）实现较高利润率的策略是什么？

第二节　控制职能综合实训

一、控制职能实训目的

本章教学内容是让学生掌握与控制职能相关的概念，包括控制的定义、控制的程序、控制的原则、控制的类型、控制的方法等。本实训的目的是通过模拟对标分析，了解控制的基本方法与工具，加深对控制职能的理解。

二、实训任务及要求

（一）实训任务

标杆分析提出管理改进措施。

（二）实训要求

（1）根据学习、工作和社会关系资源的便利性，选择一家企业作为对标分析的主体企业。

（2）通过企业访谈调研，了解该企业在日常经营管理中存在的若干问题，

结合自己的专长或兴趣，选择一个待改进的管理问题，深入了解企业待改进问题的管理现状，尽量收集定量化的指标与数据。

（3）围绕企业待改进的问题，选择一家管理水平卓越的标杆企业，并通过多种渠道了解标杆企业在上述方面的管理实践和管理水平。

（4）通过对主体企业和标杆企业的对标分析，找出其在待改进管理问题上的差距。

（5）借鉴标杆企业的先进做法，提出管理改进措施。

三、实训成果

标杆分析管理改进计划。具体包括待改进问题的现状及水平、标杆企业的实践做法及水平、差距分析、改进措施等。同时标杆管理作为一种控制措施，它存在哪些方面的不足？

四、实训成果评价标准

表6-3 实训成果评价标准

评价内容	评价标准	比例（%）
待改进问题描述	描述的客观性及量化程度	15
标杆企业的实践做法	实践做法的可操作性及量化程度	20
差距分析	差距分析的合理性	20
对策建议	对策建议的合理性及可操作性	30
标杆管理的思考	对标杆管理不足的认识	15

五、实训场地

教室或实训室。

第七章

创新职能

第一节 创新职能知识点练习

一、创新职能思维导图

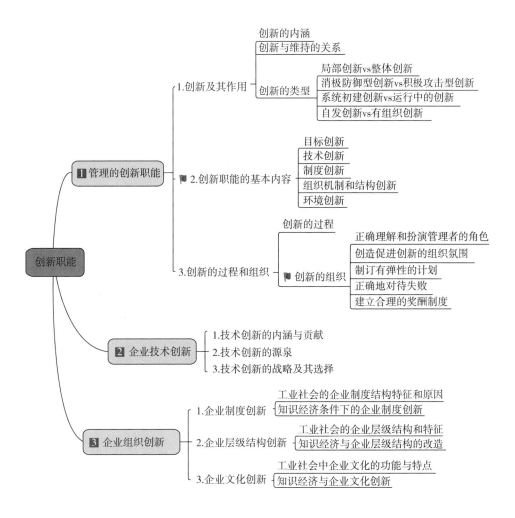

图 7-1 创新职能思维导图

二、创新职能测试

威廉斯创造力倾向测评

在下列句子中，如果你发现某些句子所描述的情形很适合你，则在题后的表格里"完全符合"的选项内打"√"；如果某些句子只是在部分时候适合你，则在"部分符合"的选项内打"√"；如果某些句子对你来说根本是不可能的，则在"完全不符"的选项内打"√"。

注意：①每一题都要做，不要花太多时间去思考；②所有题目都没有"正确答案"，凭你读完每一句的第一印象作答；③虽然没有时间限制，但尽可能地争取以较快的速度完成，越快越好；④凭你自己的真实感受作答，在最符合自己的选项内打"√"；⑤每一题只能打一个"√"。

表 7-1　创新能力测试表

问　　　题	完全符合	部分符合	完全不符
1. 在学校里，我喜欢试着对事情或问题的结果进行猜测，即使不一定猜对也无所谓			
2. 我喜欢仔细观察我没有见过的东西，以了解详细的情形			
3. 我喜欢情节复杂和富有想象力的故事			
4. 画图时我喜欢临摹别人的作品			
5. 我喜欢利用旧报纸、旧日历及旧罐头盒等来做成各种好玩的东西			
6. 我喜欢幻想一些我想知道或想做的事			
7. 如果事情不能一次完成，我会继续尝试，直到完成为止			
8. 做功课时我喜欢参考各种不同的资料，以便得到多方面的了解			
9. 我喜欢用相同的方法做事情，不喜欢去找其他新的方法			
10. 我喜欢探究事情的真相			
11. 我喜欢做许多新鲜的事			
12. 我不喜欢交新朋友			
13. 我喜欢想一些不会在我身上发生的事			

续表

问　　题	完全符合	部分符合	完全不符
14. 我喜欢想象有一天能成为艺术家、音乐家或诗人			
15. 我会因为一些令人兴奋的念头而忘记了做其他的事			
16. 我宁愿生活在太空站，也不愿生活在地球上			
17. 我认为所有问题都有固定的答案			
18. 我喜欢与众不同的事情			
19. 我常想要知道别人正在想些什么			
20. 我喜欢故事或电视剧中所描写的情景			
21. 我喜欢和朋友在一起，和他们分享我的想法			
22. 如果一本故事书的最后一页被撕掉了，我就自己编造一个故事，把结果补上去			
23. 我长大以后，想做一些别人从没想过的事			
24. 尝试新的游戏和活动是一件有趣的事			
25. 我不喜欢受太多规则限制			
26. 我喜欢解决问题，即使没有正确答案也没关系			
27. 有许多事情我都很想亲自去尝试			
28. 我喜欢唱还没有普及的新歌			
29. 我不喜欢在同学面前发表意见			
30. 当我读小说或看电视剧时，我喜欢把自己想成故事中的人物			
31. 我喜欢幻想 200 年前人类生活的情形			
32. 我常想自己编一首新歌			
33. 我喜欢翻箱倒柜，看看有些什么东西在里面			
34. 画图时，我很喜欢改变各种东西的颜色和形状			
35. 我不敢确定我对事情的看法都是对的			
36. 对于一件事情先猜猜看，然后再看是不是猜对了，这种方法很有趣			
37. 我对玩猜谜之类的游戏很有兴趣，因为我想知道结果如何			
38. 我对机器感兴趣，也很想知道它的里面是什么样子，以及它是怎样转动的			

续表

问　　题	完全符合	部分符合	完全不符
39. 我喜欢可以拆开来玩的玩具			
40. 我喜欢想一些新点子，即使这些点子用不上也无所谓			
41. 一篇好文章应该包含许多不同的意见和观点			
42. 为将来可能发生的问题找答案，是一件令人兴奋的事			
43. 我喜欢尝试新的事情，目的只是为了知道会有什么结果			
44. 玩游戏时，我通常根据自己的兴趣选择是否参加，而不在乎输赢			
45. 我喜欢想一些别人时常谈起的事情			
46. 当我看一张陌生人的照片时，我喜欢去猜测他是怎么样的一个人			
47. 我喜欢翻阅书籍及杂志，但只想大致了解一下			
48. 我不喜欢探寻事情发生的各种原因			
49. 我喜欢问一些别人没有想到的问题			
50. 无论在家里还是在学校，我总是喜欢做许多有趣的事			

三、创新职能案例

（一）3M 公司的创新管理实践

3M 公司全称明尼苏达矿务及制造业公司（Minnesota Mining and Manufacturing Corporation）成立于 1902 年，以产品创新闻名于世。100 年来共发明了 69000 多种新产品。2011 年，3M 公司平均每两天推出 3 个新产品，其创新源泉是"视革新为成长方式，视新产品为生命"的企业战略和文化。

第一，对创新充分授权。3M 公司有一个著名的"15%规则"，是指团队中的任何人都可以用 15%的工作时间去做与职责无关的任何事情来激发创意。这是在倡导创新与日常工作的互动关系。发明报事贴的员工就是运用"15%规则"锲而不舍地进行黏着剂研究，才有了之后风靡全球的黄色小贴纸。

第二，容忍失败，鼓励员工坚持到底。公司里对新产品开发失败有一个形象的比喻："亲吻青蛙"——为了发现王子，你必须与无数个青蛙接吻。在 3M 公司曾有人想设计交通标志牌上不粘灰尘的涂料，但发明出来之后，一下雨涂料就被冲掉了。在一般情况下，这个发明就算失败了，但 3M 公司并没有叫停这个项目，而是鼓励其继续跟进。结果这个涂料应用在了外科医生手术时戴的眼镜上，每次手术前往眼镜上喷一下，眼镜就不会沾水汽，手术完后则可以轻松洗掉。

第三，有利于创新的沟通方式和人事组织。3M 公司的内部机构设置扁平化，每一个员工都可以随时同上司沟通创意，也可以向企业最高层当面陈述。高管的门随时为每一个员工敞开。这就减少了创意被扼杀的概率。

第四，在晋升制度和薪金上积极奖励创新。3M 公司的营销人员和科技人员在开发新产品的过程中会紧密合作，研发人员也会积极参与制定整体营销战略。这使得 3M 公司能够洞悉市场先机，创新力以惊人的速度被转化为产品。而在新产品成功、模仿者出现、利润变薄之后，3M 公司便会果断退出，将人力和资金放在其他创新产品上。整个体系能够不断推陈出新，始终是 3M 公司"吃肉"，模仿者"喝汤"。

思考及讨论

（1）结合 3M 公司的案例材料，试讨论企业创新的机制与文化。

（2）对我国的传统制造类企业来言，如何通过创新实现企业的转型升级？

（二）从小米身上学到的 6 个创新感悟

这几年进入传统的制造行业领地，完全靠互联网成功并销售过百亿元的企业，唯有小米做到，尽管有很多企业也依靠互联网注入新的基因，但是似乎都没有小米这么耀眼。

那么，传统的企业到底可以向小米学些什么呢？

1. 将消费痛点放大，激发消费者解决痛点的需求

小米进入手机市场，定义就是"发烧友手机"，过去只有极客才会去刻意追求的体验，小米将其完善，并喊出口号，引导消费。对于消费者使用产品的各种貌似多余的细节改进，在传统企业看来，都是一些画蛇添足的事情，但是小米却引导消费者去关注它。小米的产品并没有达到颠覆的境界，但是却依靠细节的微创新，真正解决消费者的痛点，让消费者本身可以忽视的痛点，成为消费者的关注点。

启示：创新不是排山倒海，而是你真正地走进消费者的生活场景，从消费者的痛点出发，将痛点变成一种新的体验。

2. 消费意见社区化，实时捕获消费者的需求，让消费者参与创造

传统企业了解消费者需求，往往具有"滞后效应"，比如产品上市后，去了解消费者是否满意，反馈速度很慢，这几年有很多传统企业都在尝试建立在线消费者社区，希望能够随时捕获消费者的需求和对于产品的各种评价。小米通过社区解决了这个问题，小米社区每天有若干的粉丝集结，并在上面发表各种吐槽，这些吐槽都成为小米发现痛点的关键。比如小米的 MIUI 就是与消费者共创的价值，超过 60 万的"米粉"参与了小米 MIUI 操作系统的设计和开发，MIUI 每周的更新，就是小米与"米粉"合作的结晶。

启示：互联网时代，消费者就是生产者，消费者不仅仅希望参与产品购买体验和分享的环节，消费者也希望介入生产，这种众包模式，值得传统企业的重视，如何让消费者参与产品的研发设计，值得思考。

3. 制造可以供消费者谈论的故事，进入公共传播议题

去年有一个传统手机厂商来咨询，问如何能够让自己的手机品牌被人谈论，沟通了很久，发现没有任何可以谈论的噱头，这个厂商每年出十几款手机，运营商渠道、专卖店、电商渠道覆盖完整，但是产品毫无亮点，除掉依靠渠道的出货量大，根本没有话题可言。小米的营销主要靠互联网，靠社会化媒体和自媒体，而小米在应用这些媒体的时候，非常善于制造故事和噱头，无论是雷军被刻画成雷布斯，还是小米的各种新闻，小米将这些故事成功地通过自媒体扩散进入公共媒体，成为人们谈论的对象和话题，让品牌本身带来时尚感和流行度。

启示：很多传统厂商的产品，从来没有任何故事，品牌就是要让消费者谈论的，这是一种消费者主权。在科技时尚领域，一个产品如果连消费者都不想谈论，要在互联网时代取得领军地位，会越来越难，一个产品不能被卷入大众传播领域，消费者仅仅是"凑合买"、"凑合用"，很快就会被遗忘，"流行度"是传统企业需要去思考的关键词。

4. 抓住族群，制造粉丝效应，扩展粉丝经济

小米利用手机发烧友概念，定义出一个新的消费族群，这个族群和人口学、社会学无关，只和他们是不是追逐科技新潮流有关，最终和他们是不是小米手机的铁杆有关，这种将消费者标签化和族群化的方式，有点类似建立一种品牌宗教的概念，因为所有手握小米手机的人都会为其摇旗呐喊，而小米通过各种氛围的营造，让这些粉丝心甘情愿为之奔走相告并集结成为拥有共同兴趣爱好的群体，分享和推动品牌的发展。

启示：今天传统企业还在用非常传统的手段细分消费者，比如男女性别、代际等，事实上，消费心理、价值主张和兴趣爱好才是真正的关键，小米抓住的是科技消费群体中的"精众"，"精众"在引领大众时尚，建构大众文化。

5. 专注精品战略，制造稀缺效应

传统科技企业，每年制造若干产品，但是每个产品无一亮点，小米学习苹果，每年只做一款产品，并将体验做到极致。这种"聚焦精品"的策略，实际上也是一种单品带来的"聚光灯效应"，小米将这点发挥到最大化。同时，由于只专注一个核心产品，因此制造稀缺性，也让产品的营销本身带有很强的神秘色彩，这点在乔布斯时代的苹果也一样地被充分利用。让消费者尖叫的产品，一定是精品，而不是随处可见的，距离让产品更有价值。

启示：消费者越是个性化细分的时候，越需要聚焦。传统制造业尽管有细分，但是这种细分都是粗放的，试图多产品满足所有的消费者，实际上最终却无法实现与消费者的对应，砍掉那些没必要的重复的产品，聚焦精品，才能赢得粉丝。

6. 互联网是体验经济和服务经济

小米卖智能手机、智能电视，都是低价格，而且在传统企业看来，这种低成本根本无法支撑，但是小米依然在坚持，从小米1到小米3，价格都是一样的，智能电视更是以2999元的价格让传统电视机厂商大为惊愕，为什么？互联网经济是体验经济，是服务经济，单纯靠功能打动消费者的时代已经过去，基于产品构建周边的服务链条、信息链条、内容链条才是核心的商业模式，这是互联网时代的商业生态。

启示：传统企业，往往是做一卖一，最终陷入产品功能化竞争的泥潭。互

联网注重对于消费者需求的延展性开发，这种开发更多要从服务、内容等方面入手，就如同乐视、爱奇艺和 TCL 推出的智能电视一样，内容、广告和体验才是其真正卖点。传统企业需要思考的是，如何挖掘消费者，围绕产品的需求链条并通过更多的服务形式和体验来满足他们的需求。

面对新的消费需求变化，所有企业都需要重新定义消费需求，重新定义传播和商业模式。

思考及讨论

（1）什么是互联网思维下的创新？与传统企业的创新有什么区别？

（2）什么是商业模式创新？商业模式创新的基本思路有哪些？

（三）逆天服务的海底捞

海底捞以贴心、超越客户预期的服务闻名于世，以下是网友在海底捞消费体验的集锦。

一位网友说有一次在海底捞吃完饭，要赶火车却都打不到的士。门口的小弟看到他带着行李箱，问了情况转身就走。结果紧接着海底捞的店长把自己的 SUV 开出来，说"赶紧上车吧时间不多了"。海底捞要冲出宇宙了。

"海底捞的服务无敌了！今天救天井小猫被蚊子咬了好多包！结果海底捞服务员居然跑到马路对面买了风油精送给我……下面的是止痒药也是服务员一起买来给我的，因为药店的人说那个止痒效果比风油精好。"

"已经无法阻止海底捞了。周六去吃火锅，朋友不小心把丝袜给刮破了，她饭后还有第二轮活动，正郁闷得不得了，没想到结账时服务员递上了全新的丝袜，还是 3 双！我一下就怔住了……此时那位服务员小妹妹微笑着对我们说，所有海底捞都常年订有丝袜和棉袜，随时给袜子坏了或者弄脏了的客人更换。"

"海底捞居然搬了张婴儿床给儿子睡觉，大家注意了，是床！我彻底崩溃了！为顾客解决每一个问题，结果就是创新。"

"刚接到朋友的电话，说他们单位楼下的海底捞跑到他们公司去，一人发了一杯酸梅汤，说天热辛苦了！擦！！！海底捞，你是来消灭地球的吗!？人类已经无法阻止海底捞了！！以后看来找工作得选公司楼下有海底捞的地点，说不定加班还送夜宵外加送你回家。"

海底捞的服务不断推陈出新：擦皮鞋、桌游、美甲、打印照片、儿童中心服务、投币游戏机、视频餐厅、各种花样的点心和零食，等等。

海底捞是如何做到的？人性化的管理和海氏大家庭，点燃了员工的创新激情；非标准化的考核机制给了员工更大的灵活性；创新管理的组织保障和奖励机制激发了大家的创新积极性；当然还有无所不在的服务文化更是感染了每位员工。

思考及讨论

试讨论服务创新与产品创新有哪些区别？

四、寓言故事中的"创新"

（一）俩人分树

山洪暴发，一棵大树被洪水从山上冲到了山下。甲、乙二人同时发现了它，于是二人商量如何分树。

甲很想得到这棵树，但也不能说得太明白，他怕引起乙的不满，便很委婉地对乙说："树是我们两个同时发现的，你说吧，你说怎么分就怎么分！我家最近要盖新房，分完树我还得回家准备材料去！"

乙听了甲的话自然明白了他的意思，他仔细地看了看那棵树，很大方地对甲说："你家盖房子需要木料，我要木料也没什么用。这样吧，树根归我，我回去当柴烧，其余的都归你！"

甲听了乙的话非常高兴，他也很佩服乙的大度。讲好了分树的办法，两个人便各自找来家人帮忙，把树按乙说的办法分开了。甲高高兴兴地把树干运回了家，乙也在家人的帮助下把树根抬了回去。

甲的家里根本不准备盖新房，只是为了得到那棵树才这样讲的。第二天他就把树卖给了一个准备盖房的人，得了 2000 元钱。乙的家人听说了，都埋怨乙。乙只是笑了笑，没有说话。

过了一段时间，乙用那个树根做的大型根雕卖了 10 万元。甲听到这个消息后，气得够呛，但也没有什么办法。其实，即使当时把树根给了甲，他也只能把它劈了当柴烧。因为和乙比，他缺乏一种关键的东西，那就是创造力。正是因为乙的创造力起到了点石成金的作用，使一个看似没有什么大用处的东西变成了宝贝。

思考及讨论

（1）讨论创新在组织管理中尤其是组织绩效提升中的作用。

（2）讨论如何在组织中营造一个更好的氛围让组织成员更愿意创新？

（二）小兔收萝卜

几只爱吃萝卜的小兔在草原上开垦了一块土地，种了好多萝卜。到了收获的季节了，他们的朋友小羊和小牛用他们尖尖的角帮小兔们把萝卜从地里刨了出来，然后小羊和小牛就忙自己的事情去了。几只小兔看着那一大堆红红的萝卜，心里乐开了花。眼看就要下雨了，几只小兔决定自己把萝卜收回驻地。

小兔甲试了试自己一次可以抱两只萝卜，于是便每次抱着两只萝卜往返于萝卜地与驻地之间。虽然有点吃力，但他还是越干越起劲。

小兔乙找来一根绳子，把五个萝卜捆在一起，然后背着向驻地走去。虽然背了五个萝卜，可他的速度一点也不比小兔甲慢。

小兔丙找来一根扁担，用绳子把萝卜捆好，前面五个，后面五个，走起来比小兔甲和小兔乙都快。

小兔丁和小兔戊找来一只筐，装了满满一筐萝卜，足有三四十只，然后两人抬着筐向驻地走去。

思考及讨论

讨论组织中员工效率差距的原因？

五、历史故事中的"创新"

（一）韩信给仇人赐官

韩信年轻的时候喜欢带刀佩剑，但是遭到了一个屠夫的嘲弄。为了建功立业，年轻的韩信忍受了胯下之辱。后来，韩信投奔刘邦，累功封为楚王。

封王之后的一天，韩信又从淮阴城中经过，突然，那个曾经使他蒙受胯下之辱的屠夫从韩信的马前路过。"停下"，韩信大喊一声，马车停下后，韩信从马车上下来，走到那个屠夫面前。屠夫见到韩信后，脸色不由自主地变得惨白。韩信看了那人一会儿，笑笑说："你是个很勇敢的人，我封你当巡城捕盗的武官吧。"那个屠夫愣了半天，简直不敢相信自己的耳朵，直到有人给他送来了官服，他才回过神来。

后来，有人问韩信，为什么要赏赐那个曾让他受辱的屠夫呢？韩信解释说："几年前，那屠夫侮辱我，我当时真想拔剑杀死他！但杀人要偿命，我满腹的文韬武略便不能施展，日后更谈不上当大将军、封王。暂时忍受胯下之辱，又有何关系呢？至于现在为什么要封他做官，这是为了让天下人看的，对如此侮辱过我的人都这样宽大为怀，既往不咎，那些过去和我有矛盾的人就会放心，从而减少同我的争执和戒备。"大家听完，都认为韩信确实具有大将风范。

思考及讨论

利用创新思维，你觉得韩信还有多少种办法对付曾带给他胯下之辱的屠夫？要求是方法越多越好，点子越奇特越好。

（二）鲁班的发明

相传有一年，鲁班接受了一项建造一座巨大宫殿的任务。这座宫殿需要很多木料，鲁班就让徒弟们上山砍伐树木。由于当时还没有锯子，他的徒弟们只好用斧头砍伐，但这样做效率非常低，工匠们每天起早贪黑拼命去干。累得筋疲力尽，也砍伐不了多少树木，远远不能满足工程的需要，使工程进度一拖再拖，眼看着工程期限越来越近，这可急坏了鲁班。为此，他决定亲自上山察看砍伐树木的情况。

上山的时候，由于他不小心，无意中抓了一把山上长的一种野草，却一下子将手划破了。鲁班很奇怪，一根小草为什么这样锋利？于是他摘下一片叶子细心观察，发现叶子两边长着许多小细齿，用手轻轻一摸，这些小细齿非常锋利。他明白了，他的手就是被这些小细齿划破的。后来，鲁班又看到一条大蝗

虫在一株草上啃吃叶子，两颗大板牙非常锋利，一开一合，很快就吃下一大片。这同样引起了鲁班的好奇心，他抓住一只蝗虫，仔细观察蝗虫牙齿的结构，发现蝗虫的两颗大板牙上同样排列着许多小细齿，蝗虫正是靠这些小细齿来咬断草叶的。

这两件事给鲁班留下了极其深刻的印象，也使他受到很大启发，陷入了深深的思考。他想，如果把砍伐木头的工具做成锯齿状，不是同样会很锋利吗？砍伐树木也就容易多了。于是他就用大毛竹做成一条带有许多小锯齿的竹片，然后到小树上去做试验，结果果然不错，几下子就把树皮拉破了，再用力拉几下，小树干就划出一道深沟，鲁班非常高兴。

但是由于竹片比较软，强度比较差，不能长久使用，拉了一会儿，小锯齿就有的断了，有的变钝了，需要更换竹片。这样就影响了砍伐树木的速度，使用竹片太多也是一个很大的浪费。看来竹片不宜作为制作锯齿的材料，应该寻找一种强度、硬度都比较高的材料来代替它，这时鲁班想到了铁片。

于是他们立即下山，请铁匠们帮助制作带有小锯齿的铁片，然后到山上继续实践。鲁班和徒弟各拉一端，在一棵树上拉了起来，只见他俩一来一往，不一会儿就把树锯断了，又快又省力，锯就这样发明了。在鲁班之前，肯定会有不少人碰到手被野草划破的类似情况，为什么单单只有鲁班从中受到启发，发明了锯，这无疑值得我们思考。大多数人只是认为这是一件生活小事，不值得大惊小怪，他们往往在治好伤口以后就把这件事忘掉了。

思考及讨论

案例中鲁班采用了何种方法进行工具创新？请问这种创新方法使用时应注意什么？

六、影视作品中的"创新"

《欢乐颂》中不按常理出牌的曲筱绡

曲筱绡作为一个富家女，是一个不太受人待见的小妖精，典型的心直口快、古灵精怪、刀子嘴豆腐心，一副我行我素、爱谁谁的架势。剧中的很多片段中她都表现出了不按常理出牌，不走寻找路的节奏。比如明明家有别墅可以住，偏要在外租房，向父亲证明自己不是混吃混喝的纨绔富二代。当她认定邱莹莹的男朋友白主管是个渣男，立马采用诱惑并在朋友圈炫出的方式予以揭穿，而完全不顾及邱莹莹的感受。当安迪被人在网上大肆侮辱时，她则偷偷地搜集证据并用私下录音的方式帮助安迪解套。当樊胜美父亲病危急等现金手术，而其母亲仍然重男轻女地榨取樊胜美时，她采用当场讥讽的方式触痛樊胜美的母亲，同时帮助魏渭借款给樊家。当她需要小包总提供帮助疏通当地关系，她则通过提供安迪行程的方式打动小包总。当她一哭二闹三上吊仍然不能让赵医生回心转意，她选择让小包总临时当托刺激赵医生并取得奇效。

很多问题都很棘手，所有这些手段都超越了我们的常规认识，却也经常性地取得奇效。这说明在困难和问题面前，有时需要我们创新思考，寻找新的解决方法。NLP 有一个基本理念：任何一个问题都有 3 个以上的解决方法；事情做不成，只证明过去的解决方法无效，不代表没有办法解决；有新的方法就有新的可能。

思考及讨论

根据《欢乐颂》中曲筱绡的奇招，结合自己的学习、生活经历，谈谈如何能创新性地解决问题。

七、创新职能小游戏——叫醒你的 N 种思维

（一）游戏目的

（1）通过游戏让学生体会到什么是创造性思维？
（2）让学生发掘自己的创造性思维潜力。
（3）培养学生的自信心，相信自己的智慧与能力，努力探索自己的潜能。

（二）游戏导入

教师展示 "0" 的图形，让学员开始尽可能地写出像哪些物品。学生随意回答，老师帮着归类：符号类（比如数字零、句号等）；食品类（比如鸡蛋等）；文体类（比如棋子等）；工具类（比如镜子等）；器官类（比如眼睛等）；

星体类（比如太阳等）；其他（比如泡泡等）。

通过上述答案告诉我们，同一种图案会有不同的答案，一个问题可以有 N 种不同的解决方法。创造性思维又称为发散性思维，突破思维的局限和不可能，寻找出创新性的解决方法。

（三）人员与场地

30~50 人，每个组 4~6 个人，室内，讨论式座次。

（四）游戏道具

A4 白纸，笔，幻灯，计时器，小抱枕等。

（五）规则与程序

1. 第一轮：看谁想得多

①向学生展示题目"写出由三个相同字组成的字"，比如"众"；②只比赛看谁写得最多；③比赛时间是 3 分钟；④讲清规则后再发纸笔，统一计时；⑤时间到后，在小组内分享，看谁写得更多；⑥引导学员讨论，为什么写得不够多，原因在哪？

2. 第二轮：看谁想得广

①向学生展示预先准备好的小抱枕；②请学生在小组内讨论小抱枕的用途，做好小组成员的分工与合作，保证效率；③讲解完规则，统一计时，时间为 5 分钟；④引导学员讨论，发现了什么奇特的用途，是怎么想出来的。

3. 看谁想得最特别

①请各组以小抱枕为唯一道具，编排一个一分钟的二人哑剧，严格按照时间，不准超时。②各小组轮流表演，一组表演时，其他组为该哑剧起名，小组内记录。③全部表演结束后，小组分享，主要分享你为第几组的哑剧起了什么名字，怎么想得这个名字。④分享后，每个小组找出一个最特别的名字，并选一个小组代表在组间交流。

引导学生讨论：怎样进行创造性思维？团队进行创造性思维有哪些方法与工具？

第二节 创新职能综合实训

一、创新职能实训目的

本章主要内容是让学生掌握创新的相关概念。本实训的目的是通过利用头脑风暴法找到公司 10 周年庆典的创新策划思路，让学生体验创新的过程，掌握创新的方法。

二、实训任务及要求

（一）实训任务

公司 10 周年的创新点子策划。

（二）实训要求

（1）公司是一家成立了 10 周年的咨询培训公司。历经 10 年的持续成长，公司取得了一系列辉煌业绩：公司销售收入超过 2000 万元；公司团队人数超过 100 人；连续 3 年入选中企联评选的中国咨询企业 50 强；还获得了北京市高新技术企业的资质。为了扩大公司的影响力，鼓舞员工士气，公司决定在公司成立 10 周年之际，隆重举行 10 周年的庆典活动。整个庆典活动，公司委托人力资源及行政部全权策划与实施。公司每年都举办年会，但流程和活动都是程序化的，严谨规范但不够活泼，公司希望这次庆典活动能够办得更有创造力、更有活力。因此要求人力资源及行政部拿出具有创造力的活动策划。

（2）学生以小组的形式进行活动策划，4~6 个人组成一个小组。现在假设每个小组成员都是人力资源及行政部的工作人员。

（3）各个小组进行合理分工，收集庆典活动及创新性庆典活动的资料。

177

（4）组织 1~2 次人力资源及行政部的头脑风暴会，请团队成员按照头脑风暴会的规则，进行创新性思路（点子）研讨。

（5）对头脑风暴会形成的思路进行可操作性的细化，形成可以向公司管理团队汇报的策划方案，重点突出创新性的设计。

三、实训成果

1. 头脑风暴会的录音文字整理

2. 公司 10 周年策划方案（含创新亮点）

3. 实训总结：对管理创新的理解

四、实训成果评价标准

表 7-2　实训成果评价标准

评价内容	评价标准	比　例（%）
头脑风暴录音	头脑风暴会举行的深入性、创新性	15
公司 10 周年庆典策划方案	策划方案结构的完整性	20
	策划方案的创新性	20
	策划方案的细化、可操作性	20
对创新的理解	对创新理解的深入性	25

五、实训场地

教室、实训室或便于团队研讨交流的其他场所。

附录　管理测评问卷的统计规则及报告

一、团队角色类型测试

本问卷名称为贝尔宾团队角色类型问卷，旨在测试学生在工作（任务）面前所倾向于扮演的角色，这种角色是内在的角色，与人格特质相匹配，亦可帮助学生了解自己是否是一个天生的管理者。本问卷共有 8 种角色，分别是：实干型、老练型、推动型、交际型、评论型、领导型、技术型、专家型。问卷的统计规则如下：

每个学员的统计结果为 7 大部分，每一部分下面有 8 个题项，共计 56 个得分。需要检查每个人的 7 大部分中，每一部分是否满足和等于 10。比如，张三的统计结果为 A1、A2…A8；B1、B2…B8；…；G1、G2…G8。需要满足 A1+A2+…+A8＝10。

各种角色类型与对应的题项表如下：

	第 1 题	第 2 题	第 3 题	第 4 题	第 5 题	第 6 题	第 7 题	得分
实干型	G	A	H	D	B	F	E	
老练型	D	B	A	H	F	C	G	
推动型	F	E	C	B	D	G	A	
专家型	C	G	D	E	H	A	F	
交际型	A	C	F	G	E	H	D	
评论型	H	D	G	C	A	E	B	
领导型	B	F	E	A	C	D	H	
技术型	E	H	B	F	G	D	C	

角色类型判断规则：最终将7个题项的得分汇总，得分最高的某项即为该学生的团队角色类型；如果有两种角色类型同样高，则两种角色并列呈现。

每种角色的分析报告如下：

(1) CW——实干型的特征。

◇ 典型特征：保守、顺从、务实可靠；

◇ 积极特性：工作勤奋有实践经验；有自我约束力和组织能力；

◇ 能容忍的缺点：缺乏灵活性，应变能力弱，对没把握的事情不感兴趣。

◇ 团队作用：

> 把谈话与建议转换为实际步骤；

> 考虑什么是行得通的，什么是行不通的；

> 整理建议，使之与已经取得一致意见的计划和已有的系统相配合。

(2) CO——老练型的特征。

◇ 典型特征：沉着，自信，有控制局面的能力；

◇ 积极特性：看问题比较客观，兼容并蓄，吸收各种意见；

◇ 能容忍的缺点：在智能以及创造力方面并非超常。

◇ 团队作用：

> 明确团队的目标和方向；

> 选择需要决策的问题，并明确它们的先后顺序；

> 帮助确定团队中的角色分工、责任和工作界限；

> 总结团队的感受和成就，综合团队的建议。

(3) SH——推动型的特征及团队作用。

◇ 典型特征：思维敏捷，坦荡，主动探索；

◇ 积极特性：积极，主动，有干劲，视成功为目标，追求高效率；

◇ 能容忍的缺点：爱冲动，易急躁，易起争端，说话太直接。

◇ 团队作用：

> 寻找和发现团队讨论中可能的方案；

> 使团队内的任务和目标成形；

> 推动团队达成一致意见，并朝向决策行动。

(4) PL——专家型的特征。

◇ 典型特征：有个性，思想深刻，不拘一格；

◇ 积极特性：才华横溢，富有想象力，智慧，知识面广；

◇ 能容忍的缺点：高高在上，不重细节，不拘礼仪。

◇ 团队作用：

　➢ 提供建议；

　➢ 提出批评并有助于引出相反意见；

　➢ 对已经形成的行动方案提出新的看法。

（5）RI——交际型的特征。

◇ 典型特征：性格外向、开朗、热情，好奇心强，联系广泛、消息灵通，是信息的敏感者；

◇ 积极特性：有广泛联系人的能力，不断探索新的事物，勇于迎接新的挑战；

◇ 能容忍的缺点：事过境迁，见异思迁，兴趣马上转移。

◇ 团队作用：

　➢ 提出建议，并引入外部信息；

　➢ 接触持有其他观点的个体或群体；

　➢ 参加磋商性质的活动。

（6）ME——评论型的特征。

◇ 典型特征：清醒，理智，谨慎；

◇ 积极特性：判断力强，分辨力强，讲求实际；

◇ 能容忍的缺点：不易被鼓动和激发，缺乏想象力，缺乏热情。

◇ 团队作用：

　➢ 分析问题和情景；

　➢ 对繁杂的材料予以简化，并澄清模糊不清的问题；

　➢ 对他人的判断和作用做出评价。

（7）TW——领导型的特征。

◇ 典型特征：擅长人际交往，性格温和，敏感，是人际关系的敏感者；

◇ 积极特性：善于适应环境，能促进团队的合作，倾听能力最强；

◇ 能容忍的缺点：在危急时刻优柔寡断，一般很中庸。

◇ 团队作用：

> 给予他人支持，并帮助别人；

> 打破讨论中的沉默；

> 采取行动扭转或克服团队中的分歧。

(8) FI——技术型的特征。

◇ 典型特征：勤奋有序，认真，有紧迫感；

◇ 积极特性：持之以恒，理想主义，追求完美；

◇ 能容忍的缺点：拘泥于细节，容易有焦虑感，不洒脱。

◇ 团队作用：

> 强调任务的目标要求和活动日程表；

> 在方案中寻找并指出错误、遗漏和被忽视的内容；

> 刺激其他人参加活动，并促使团队成员产生时间紧迫的感觉。

二、个人决策能力测评

将各题的得分加起来，根据下面的描述你将知道你的决策能力。不管你获得多少分数，或者你具有获得高分数的潜力，总是有进一步提高的余地。认清自己的劣势与不足，你可以找到实用的建议和技巧来改善和提高你的决策能力。

32~63 分：你的决策能力比较差，针对得分最低问题进行改善，尝试采用不曾使用的决策方法。

64~95 分：你的决策能力还不错，继续提高。

96~128 分：你有很强的决策能力，但是不要自满，仍要不断提高。

三、时间管理能力测评

［评分方法］

选择 A，得 1 分；选择 B，得 2 分；选择 C，得 3 分。

将你自己各题的得分加起来，任何根据下面的评析判断出自己的时间管理能力和水平。

35~45分,有很强的时间管理能力。在时间管理上,你是一个成功者,不仅时间观念强,而且还能有目的、有计划、合理有效地安排学习和生活时间,时间的利用率高,学习效果良好。

25~34分,较善于对时间进行自我管理,时间管理能力较强,有较强的时间观念。但是,在时间的安排和使用方法上还有待进一步提高。

15~24分,时间自我管理能力一般,在时间的安排和使用上缺乏明确的目的性,计划性也较差,时间观念较淡薄。

四、个人与企业文化匹配测评

(一)计分规则

分别在组织文化的工作方式(S)和工作氛围(C)两个维度上为测试者计分:

1、2、6、7、9、10题选A,3、4、5、8、11、12题选B,在S维度上加1分;

13、14、15、17、18、20、21、23题选A,16、19、22、24题选B,在C维度上加1分。

测试者个人行为风格测试最后得分:S维度(　　　)分;C维度(　　　)分。

(二)分数解释

组织文化之工作方式维度(个人—群体)

1≤S≤4:表明测试者倾向于保持缄默和独立,比较适合以个人工作方式为主流的组织文化。或者说他/她更喜欢在一种推崇个人成就而非广泛社会关系的组织中。他/她需要一个能够不受干扰专心工作的环境,否则会觉得与很多人不停打交道是在浪费时间。另外,他/她认为自己不是奋力进取的人,所以可能不会去那些以吸引该类人才出名的公司。

5≤S≤8:表明测试者对组织工作方式的要求比较灵活。如果他/她所在的公司在这个维度上没有形成一定的模式，即有时需要高水平的活动和社交，有时允许更独立、更集中的思考和分析，他/她会在这样的组织中游刃有余。当然，他/她也能够很好地适应在这个维度上已经具有明显倾向性的组织文化，即崇尚个人工作方式或者崇尚群体工作方式的组织文化。但是，对测试者而言，去一个具有极端的个人或群体工作取向的公司则是一个错误。

9≤S≤12：表明测试者倾向于进取和社交，比较适合以群体工作方式为主流的组织文化。或者说他/她更喜欢以讨论和互动为主要工作方式的组织。他/她需要在一个大的群体中工作，而且希望成为社交圈中的核心人物。另外，测试者会主动去推动事情的进展，因此他/她希望公司每一个员工都像自己一样奋力进取。

组织文化工作氛围维度（竞争—和谐）

1≤C≤4：表明测试者倾向于竞争和冲突，比较适合以竞争的工作氛围为主流的组织文化。或者说他/她更喜欢在一个充满辩论和坦诚交流的组织中，他/她认为只有这样才能激发创造力和成功。他/她需要大声说出自己的意见，因此也希望公司其他成员能够像自己一样开诚布公、坚持己见。测试者更喜欢与同事保持较远的距离，所以成员之间关系密切的组织是他/她不太想去的。

5≤C≤8：表明测试者重视友好和支持的组织氛围，而鼓励直接表达的氛围也是他/她比较喜欢的。因此，存在一定冲突的组织比较适合测试者，但是他/她可能也会努力避免极端冲突情形的出现。虽然他/她也能够适应崇尚竞争工作氛围或者和谐工作氛围的组织文化，但是充斥着对抗性的残酷竞争的公司以及完全不允许辩论的公司都不适合测试者。

9≤C≤12：表明测试者倾向于友善地合作，因此以和谐和温暖为主流的组织气氛比较适合他/她。或者说他/她更喜欢在一个利他取向的环境中，至少有一些同事与测试者观点一致。他/她希望尽量减少争论，避免冲突，因此相互尊重、为他人着想、相互支持和人人平等是测试者理想中的工作氛围。公司内部存在竞争、对抗的组织文化不是他/她适宜发展的环境。

五、DISC 管理（领导）风格测评

（一）统计规则

（1）将每个人所答的 40 个选项予以统计，选项 A、B、C、D 分别对应着"D""I""S""C"四种人格，计算出"D""I""S""C"的个数，比如，分别计为 S1、S2、S3、S4，并满足"S1+S2+S3+S4=40"。

（2）将每个人对应的 S1、S2、S3、S4 进行比较，取其最大值 Max1，次大值 Max2，这两个值对应的类型，组合起来，即是该学员的性格类型。举例，比如张三的得分选项为：D、I、S、C 分别是 7、1、21、11，也即 S1、S2、S3、S4 分别是 7、1、21、11，这样取最大值为 21，次大值为 11，该学员对应的性格类型便是 SC（要注意顺序，最大值在前，次大值在后）。

（3）需要注意的是，如果所取得次大值小于或等于 10，此时，只列最大值即可。比如张三的得分选项为：D、I、S、C 分别是 7、2、21、10，也即 S1、S2、S3、S4 分别是 7、2、21、10，这样取最大值为 21，次大值为 10，不符合大于 10 的要求，该学员对应的性格类型便是 S。

（二）输出报告

1. D 主导型

这种行为风格，可大致描述为是"创建者"的类型。作为"创建者"的您通常表现得能量充沛，行为独特，非常追求新挑战与新机遇。您有很强的自我力量。创建者喜欢刺激，常常投入到不经深思的冒险中。为了达成目的，您会给人和环境提出要求。创建者勾画"蓝图"并充满激情地去推进实施。您最怕被控制与利用，在压力下可能会显得非常直率而缺乏沟通艺术。

行为特征：创建者是非常典型的高"支配"特征，通常被形容为"独断"。这是一种非常典型的结合了"独断"与"制约"的行为特征，因为并没有第二个因素给予平衡。单纯的"支配"特征显示出盛气凌人，甚至专横的态度。这种行为类型的个体具有很强的成就欲望，深具抱负心并富有竞争力。

交流沟通：创建者通常关注成就与结果，在极端的情况下，这种行为类型的个体可能仅仅把他人当作达成目标的工具或手段。"支配"不是一个表示情感的特征因素，您通常不会过多关注人际关系与情感需求。对于他人来说，会发现很难去打破您这种天生谨慎、怀疑的表象。

能力特征：创建者具有领导与控制的才干，这些都是基于您直接的、高标准要求的天性。这种行为类型的个体，比起需要紧密关系结合的工作情境来说，更适应于结构化的、正式的工作情境。您属于非常具有竞争力与自信的人群，在信息缺乏的情势下，仍然能够迅速做出决策并实施计划。在他人看来极度困难的任务，对于您来说却可能"如鱼得水"。

行为优势：创建者通常是直接的、果断的；您具有强大的自我力量，通常是问题的解决者；您是冒险家，其激励通常来自于自身。

行为弱势：创建者强烈的支配行为特征，有时候却可能显得过于武断权威；好争论，或过于盛气凌人；您不喜欢常规，喜欢冒险却可能行动过急。

2. DI 主导型

这种行为风格，可被大致描述为是"总结者"的类型。作为"总结者"的您通常是非常强烈的个人主义者。您富于梦想，不断进取而且为达目的不懈努力。您能量充沛又直接主动。总结者对自己和周围的人都有较高的标准，对他人很有影响力，能激励他人去实现目标。总结者会看上去冷酷或迟钝，因为您是典型的任务取向者。您很容易发脾气，尤其是感受到被超越时，因此您总是不断向前。

行为特征：总结者展现出非常独断支配的一面。根据情境要求的不同，这种行为类型的个体通常将体现出直接的和社会化的行为表象。您通常都具有非常明确的工作或生活目标，并且信心坚定地去达成这些目标。无论在个人权力还是社会影响方面，您都追求维持自己的"控制"与"支配"，您喜欢被真正地尊重。

交流沟通：总结者展现出非常强的社会交际与说服沟通的能力，这种行为类型的个体通常极具个人魅力；但是在面临压力或困难的情况下，您倾向于采取一种更加直接、专横的做法。您这种外向且行动快速的风格有时可能让他人受不了；尤其是当您感觉无所畏惧的时候，您更加倾向于毫无顾忌地表达您的观点，而不是采取某种委婉间接的方式。

能力特征："挑战"是对您最好的描述。在他人可能感觉压力或困难的情境下，这种行为类型的个体却能够倍受激励。您通常乐意为了成功与获得赞誉承担几乎任何的工作，这种风格却很难在其他行为类型中被发现。您非常适合承担销售类型的工作，您思考行动迅速，愿意直面挑战，并且可以利用您的独断与说服能力去激励他人接受某个方案或产品。

行为优势：总结者显得非常外向开放，这种行为类型的个体热爱社交，目的明确且果断；您勇于接受挑战，也激励他人；是非常有说服力的谈判者。

行为弱势：总结者可能因为其外向的态度会显得富有攻击性，易发怒，耐不住性子；这种行为类型的个体很可能会显得尖刻、固执己见、"说风就是雨"。

3. DS 主导型

这种行为风格，可被大致描述为是"达成者"的类型。作为"达成者"的您通常富于客观性，而且善于分析。达成者有着坚定的信念，所以在很多事情上会成功。您平静、沉着以及任务导向的特点使您能够成为好的领导。

行为特征：达成者结合了"支配"与"稳健"这两个看起来对立的行为特征因素，在现实中出现这种组合的情况概率较小。这种行为类型的个体通常是客观的，而且善于分析。您可以非常独立，但也会喜欢合作。您的动力通常来自于内在而不是外在，您过于关注任务却可能忽视考虑他人，这使您可能看起来缺少人情味。

交流沟通：达成者的交流沟通能力，一方面，高"支配"性代表了制约以及怀疑，倾向于内敛保留；另一方面，高"稳健"性代表了开放的个性，表示个体喜欢维持一种融洽与互信的关系。对于这种行为类型的个体来说，您通常会表现出冷静、沉着、客观的一面；基于情境考虑，如果您能够感觉到轻松与自在的氛围，您也将显示出平易近人、友好的一面。

能力特征：达成者显示出专注与实用的风格。这种行为类型的个体对待工作或任务有始有终，通常一心一意直到达成目标。您尽量在合理的时间段内完成工作所赋予的任务，但您仍然关注前期规划。在符合您性格特征的情境下，您将更多地显示出谨慎、深思熟虑的一面；而在压力的情境下，则会显示出急迫与苛求的一面。

行为优势：达成者可能是外向性格人群中最顺从的行为类型个体了；您对于目标专心一致，有始有终；您通常努力工作，也激发他人为了共同的目标而努力。

行为弱势：达成者通常低调，不轻易改变自己的态度或方向；相对于其他"支配"因子明显的个体来说，您显得更加不确定，或"焦虑"。

4. DC 主导型

这种行为风格，可被大致描述为是"挑战者"的类型。作为"挑战者"的您通常善于创造性地思考问题。因为您善于解决问题，所以您能够在很短时间内完成重大任务。您有着完美的特质倾向，因此您追求精准与精确。您更喜欢独自工作，讨厌受到限制。挑战者是任务导向的，更看重行为结果，而不是人际关系。您习惯于克制情绪，避免情感的影响。

行为特征：挑战者显示出一种带有强硬色彩与生硬态度的风格。这种行为类型的个体坚持以任务为导向，从不畏惧直接发表自己的观点或看法。从几乎所有的 DISC 行为图示来看，这种行为类型在处理人际关系与情感方面，大概是最不在行的。您通常独立，有时也显得与世隔绝，一般倾向于保留自己的意见。

交流沟通：挑战者的交流沟通能力，正如我们以上所表达的，这种行为类型的个体通常不将人际的交流沟通（至少是在人与人这个层面上）作为您待人处事的重要因素加以考虑。如果与人的交流沟通是非常重要的，您倾向于简短、直接且实际。您通常以怀疑的态度审视事与物，除非绝对必要，您轻易不会表达自己的观点或见解。

能力特征：挑战者的能力特征包含了很多"支配"（D）的要素，这种类型的个体总是被成就与效率所激励。因为"服从"因子（C）的存在，您又非常关注细节与精确性。比如，您会观察并指出他人的错误或疏漏，有时候却会显得过于吹毛求疵。但是，这种"效率"与"精确"的组合，再加上一点强硬的态度，却可以在面对困难任务时，显得非常有效。

行为优势：挑战者勤奋且富有能力；这种行为类型的个体是乐观与信念的结合体；您喜欢目标与细节；具有细致思考与果断的领导特征。

行为弱势：挑战者喜欢直面冲突，有时显得顽固且尖刻；这种行为类型的个体通常具有敌意的表现，其任务导向的态度不会过度考虑情感的因素。

5. I 主导型

这种行为风格，可被大致描述为是"沟通者"的类型。作为"沟通者"的您通常乐观充满热情，您通过人来实现目标。您喜欢在人群中，因此不喜欢独自工作。您有着显著超于常人的交流技巧。您喜欢社会承认，害怕不被接受。沟通者精力充沛，但是在实际工作中却可能会粗心并缺乏组织性。沟通者善于鼓励，有时候却会发展为奉承。

行为特征：沟通者的行为特征，带有典型的"影响"特征，在没有其他行为因子的平衡下，这种行为类型的个体将展现出乐群、外向、善于交流的行为风格。您通常很容易与他人建立关系并侃侃而谈。也正因为如此，我们通常把这种行为类型的个体称为"沟通者"。您重视互动与交流，并期望与他人建立积极正面的关系。

交流沟通：沟通者的交流沟通能力，可能是这种行为类型的个体总是孜孜以求的。您外向自信，因此在社交能力方面表现突出。对于您周围的人来说，往往会被您那种明显的自信，以及对于他人表现出的热情与互动所吸引并被打动。

能力特征：沟通者的能力特征，毋庸置疑，就是其善于沟通的表现了。您是优秀的说服者，完全以人际关系为导向。您善于传递思想与观念，并影响他人；同时，您同样也可以适应不同的情境要求，并尝试去理解他人的观点与建议。

行为优势：沟通者总是显示出其热情开朗的一面；您信任他人，深具说服力且健谈；对待生活或工作充满乐观；您通常也是感性的。

行为弱势：沟通者可能过于关注大众或人际的关系而忽略了实际结果的重要性；您可能不重视细节，而空喊方向；因为您活跃的性格，很可能不能仔细聆听。

6. ID 主导型

这种行为风格，可被大致描述为是"劝说者"的类型。作为"劝说者"的您通常喜欢社交，对人特别感兴趣，能获得不同类型人的尊重与钦佩。您以

一种友好的方式工作，但会为了目标而努力超过他人并突出自己的观点。劝说者既要权威也要威望，您喜欢有变化性的富有挑战的工作，但是也可能因为忙碌而紧张。您也经常被认为是自负的。

行为特征：劝说者的行为特征，展现出非常独断支配的一面。根据情境要求的不同，这种行为类型的个体通常将体现出直接的和社会化的行为表象。您通常都具有非常明确的工作或生活目标，并且会信心坚定地去达成这些目标。无论在个人权力还是社会影响方面，您都追求维持自己的"控制"与"支配"，您喜欢被真正地予以尊重。

交流沟通：劝说者展现出非常强的社会交际与说服沟通的能力，这种行为类型的个体通常极具个人魅力；但是在面临压力或困难的情况下，您倾向于采取一种更加直接、专横的做法。您这种外向且行动快速的风格有时可能让他人受不了；尤其是当您感觉无所畏惧的时候，您更加倾向于毫无顾忌地表达您的观点，而不是采取某种委婉间接的方式。

能力特征：劝说者的能力特征，"挑战"是对您最好的描述。在他人可能感觉压力或困难的情境下，这种行为类型的个体却能够倍受激励。您通常乐意为了成功与获得赞誉承担几乎任何的工作，这种风格却很难在其他行为类型中被发现。您非常适合承担销售类型的工作，您思考行动迅速，愿意直面挑战，并且可以利用您的独断与说服能力去激励他人接受某个方案或产品。

行为优势：劝说者具有非常典型的外向性格表现；这种行为类型的个体充满热情与活力，您同时具有"影响"因子的人格魅力与"支配"因子的果断性。

行为弱势：劝说者很可能说得多而做得少，因为说得多也很易于暴露其弱点；这种行为类型的个体在压力下，会显示出其刻薄无情的一面。

7. IS 主导型

这种行为风格，可被大致描述为是"建议者"的类型。作为"建议者"的您通常善于关怀、同情和理解您身边的人。您在大多数社会情境里总能找到平衡。您是很好的倾听者、极富人情味的朋友。您也是天生的团队参与者，在平和的环境里表现通常出色。建议者一般不会将自己的想法强加于人，面对冲突通常回避妥协。您通常需要获得关注与称赞。

行为特征：建议者的行为特征，"影响"与"稳健"都是属于人际关系导向的行为因子，这种行为类型的个体倾向于以情感为载体与他人进行互动。您通常自信、热情且友善，善于倾听也乐于随时提供帮助。比起其他行为类型的个体来说，您是天生的"良师益友"或"咨询顾问"。

交流沟通：建议者的交流沟通能力，在几乎所有的行为类型中，您可能是在人际互动中最出色的了。这种行为类型的个体能够很轻易地融入社交的氛围中，您妥帖适度的行为举止也使得您很容易与陌生人建立起互动。您通常极具说服力，但是，其"稳健"的行为因子也预示着如果情境需要，您也可以采取相对被动开放的姿态，以倾听或尝试接受他人的建议。

能力特征：建议者的能力特征，其优势在于沟通与理解。"影响"与"稳健"因子相互平衡，以满足这种行为类型个体很好地充当"支持"的角色。同时，外向的行为特征也意味着您在需要互动与说服的情境下也能自如应对。需要指出的是，相对于纯粹的"稳健"行为特征来说，您较少关注实用性，而显得稍许"浮"了一点。

行为优势：建议者通常是平易近人的；这种行为类型的个体以人际关系为导向，是团队合作的最佳人选；您乐于助人，且善于倾听理解。

行为弱势：建议者很可能缺少"持久性"；这种行为类型的个体也可能是缺乏自我约束与纪律的；您喜欢社交更甚于实际的工作，因此您本人对于无效率也会采取容忍的态度。

8. IC 主导型

这种行为风格，可被大致描述为是"评估者"的类型。作为"评估者"的您通常善于观察细节，包括人的独特价值。您会利用特定的关注去观察和鉴赏他人的工作，以促使公开交流渠道的形成。您对所要完成的任务总是表现出极大的热爱与乐观，而且也影响了周围的人。您对于事物的热爱总是基于对目标达成的因素评价上的，您的鼓励直接指向任务的完成。您喜欢评价，也关注细节。

行为特征：评估者的这种行为模式，看上去好像有点冲突：一方面，"服从"的因素代表了精确、细致与循规蹈矩；另一方面，"影响"的因素却代表着活跃、兴奋与外向冲动。对于这种行为类型的个体来说，"影响"的因素通常在轻松的、自然的或自己所熟悉的情境下被予以表现；而"服从"的因素，通常在一种更加正式与结构化要求较高的情境下被予以表现。

交流沟通：评估者在人际的交流沟通方面，其行为模式通常依赖于不同的情境。在朋友的圈子内，或非正式的场合，其行为模式通常显示出自信与外向的表现；在正式的工作、商业场合，或者在压力的气氛下（例如面试、谈判），其自信外向的一面可能会被一种更加内敛谨慎的态度所取代。

能力特征：评估者的能力特征综合了"影响"与"服从"的特点，但是这两种能力特征通常不会在同一时间被显示。不同的情境会产生不同的行为反应，因此，对于管理者来说，如果需要有效地管理该个体或预测其绩效，需要仔细考虑其所处环境对其的影响。通常情况下，这种行为类型的个体将更多地显示出其"影响"的一面，因此，自信与善于交流的能力特征一般也较为明显。

行为优势：评估者可能是自信的、感性的；这种行为类型的个体愿意去为他人或自己去做推广；您富有创意，也是优秀的演说者。

行为弱势：评估者有可能是一个梦想主义者，一旦无法达成理想，反而会自我否定；有时候会被轻易激怒而显得过于尖酸刻薄。

9. S 主导型

这种行为风格，可被大致描述为是"规划者"的类型。作为"规划者"的您通常生性稳定，喜欢保持周围环境，尤其是周围人际关系的稳定性。您喜欢帮助他人，并能与很多不同个性的人相处融洽，因为您总是善于自我控制并谦恭有礼。您也通常耐心，循规蹈矩。规划者需要时间来适应变化，不愿意抛弃"老一套"，您更喜欢循序渐进地改变。一旦您下定决心，就会坚持到底，甚至会非常顽固。

行为特征：规划者的行为显示出非常典型的"稳健"特征，同时并没有其他行为因素予以平衡。"稳健"的特征代表了耐心、冷静与平易近人；而一个纯粹的"稳健"更是明显地反映了这些特征。这种行为类型的个体，通常热心热情，深具同理心，愿意接纳他人的观点，且重视正面的人际互动。您天生内敛，需要依靠他人指点与领导。

交流沟通：规划者期待他人能够主动发起互动的要求，因为您稳健依赖的特征，促使您更善于维持一段既有的人际关系，而不是去开创新的关系。正因为如此，您的人际关系圈子通常很小，但却是异常稳固可靠。

能力特征：规划者的能力特征，表现为"支持"，您通常可被信赖且忠诚。这种行为类型的人是天生的聆听者与咨询顾问。您在行为上持续可靠，对待任务工作耐心稳健直到完成，也正因为如此，使得您比起其他行为类型的个体来说，更善于处理纷繁复杂的琐事。

行为优势：规划者通常是良好的倾听者，团队活动的参与者；您稳定、可被信赖，行动也通常可被预测；您善解人意，总是以和谐的人际关系为主导导向。

行为弱势：规划者通常拒绝改变，尤其是突变；您需要较长的时间来适应变化；您个性中有好嫉妒的成分，对批评与指责很敏感；在工作上也很难确立优先的位置。

10. SD 主导型

这种行为风格，可被大致描述为是"达成者"的类型。作为"达成者"的您通常富于客观性，而且善于分析。您可以非常独立，但也会喜欢合作。达成者的动力来自内在而不是外在，您过于关注任务却可能忽视考虑他人，这使您可能看起来缺少人情味。达成者有着坚定的信念，所以在很多事情上会成功。平静、沉着以及任务导向的特点使您能够成为好的领导。

行为特征：达成者的行为结合了"支配"与"稳健"这两个看起来对立的行为特征因素，在现实中出现这种组合的情况概率较小。这种行为类型的个体通常是客观的，而且善于分析。您可以非常独立，但也会喜欢合作。您的动力通常来自于内在而不是外在，您关注任务却可能过于忽视考虑他人，这使您可能看起来缺少人情味。

交流沟通：达成者的交流沟通能力，一方面，高"支配"性代表了制约以及怀疑，倾向于内敛保留；另一方面，高"稳健"性代表了开放的个性，表示个体喜欢维持一种融洽与互信的关系。对于这种行为类型的个体来说，您通常表现出冷静、沉着、客观的一面；基于情境考虑，如果您能够感觉到轻松与自在的氛围，您也将显示出平易近人、友好的一面。

能力特征：达成者的能力特征，显示出专注与实用的风格。这种行为类型的个体对待工作或任务有始有终，通常一心一意直到达成目标。您尽量在合理的时间段内完成所赋予的任务，但您仍然关注前期规划。在符合您性格特征的情境下，您将更多地显示出谨慎、深思熟虑的一面；而在压力的情境下，则会显示出急迫与苛求的一面。

行为优势：达成者可能是最具活力的"稳健"行为类型的个体了；您通常压力承受力良好，实事求是，但也不愿轻易冒险；您很可能也是不错的辅导者。

行为弱势：达成者有时候会显得固执，不轻易屈服；这种行为类型的个体有可能会拒绝合作，对于自我的个人生活也通常保留。

11. SI 主导型

这种行为风格，可被大致描述为是"建议者"的类型。作为"建议者"的您通常善于关怀、同情和理解您身边的人。您在大多数社会情境里总能找到平衡。您是很好的倾听者，极富人情味的朋友。您也是天生的团队参与者，在平和的环境里表现通常出色。建议者一般不会将自己的想法强加于人，面对冲突通常回避妥协。您通常需要获得关注与称赞。

行为特征：建议者的行为特征，"影响"与"稳健"都是属于人际关系导向的行为因子，这种行为类型的个体倾向于以情感为载体与他人进行互动。您通常自信、热情且友善，善于倾听也乐于随时提供帮助。比起其他行为类型的个体来说，您是天生的"良师益友"或"咨询顾问"。

交流沟通：建议者的交流沟通能力，在几乎所有的行为类型中，您可能是在人际互动中最出色的了。这种行为类型的个体能够很轻易地融入社交的氛围中，您妥帖适度的行为举止也使得您很容易与陌生人建立起互动。您通常深具说服力，但是，其"稳健"的行为因子也预示着如果情境需要，您也可以采取相对被动开放的姿态，以倾听或尝试接受他人的建议。

能力特征：建议者的能力特征，其优势在于沟通与理解。"影响"与"稳健"因子相互平衡，以满足这种行为类型个体很好地充当"支持"的角色。同时，外向的行为特征也意味着您在需要互动与说服的情境下也能自如应对。需要指出的是，相对于纯粹的"稳健"行为特征来说，您较少关注实用性，而显得稍许"浮"了一点。

行为优势：建议者是非常易于被他人接近的；您友善且具同情心，也通常快乐；这种行为类型的个体以人际关系为导向，婉转幽默。

行为弱势：建议者可能缺乏自我的激励与约束性；您可能不具主动性且害怕尝试新的事物，因为您会因此感受到不安全感。

12. SC 主导型

这种行为风格，可被大致描述为是"调解者"的类型。作为"调解者"的您通常生性和善，关注细节。您关心别人，并在工作中一丝不苟。您需要有安全感的稳定环境。调解者一般会仔细地思考问题，会权衡决定对于他人的影响。您基于数据与事实去影响他人。调解者处理问题需要时间，您非常敏感，不能很好地应对批评，因此您通常设法做到最好。您也经常隐藏自己的情感。

行为特征：调解者的这种行为模式，通常被称为典型的"技术"类型行为图示。这种行为类型的个体，因为其行为融合了精确性以及对于任务有始有终的耐心态度，通常适合于类似财务、编程或者工程技术类的职业。您对于自己的工作与任务有着极高的标准与要求，通常也竭尽全力确保任务结果的高品质。您理性冷静，对于事物有着自己的理解与诠释，通常保留自己的情绪与意见，除非被要求，否则很少公开自己的想法。

交流沟通：调解者在人际的交流沟通方面，其被动的行为模式一般情况下很难与他人进行互动，尤其是在不熟悉的情境下，因为您需要在明确了解自己的处境后才能行动。在内心里，您非常重视友谊与人情关系，但是却往往被您冷漠与内敛的表象所掩盖。为了能够更有效地与他人进行沟通，这种类型的个体需要以一种更加直接与开放的态度去发起或控制人际之间的互动。

能力特征：调解者的能力特征综合了"稳健"与"服从"的特点，通常表现在具有复杂的系统与程序的环境中。您"稳健"的特征带来了耐性与坚持；而您"服从"的特征带来了次序与精确。这两种特征的组合反映了个体在技术领域工作的卓越优势。正因为您对于质量与效率的兴趣与追求，我们通常可以发现您具有某些特殊的专业技能与才干。

行为优势：调解者是天生的"外交家"，态度从容且行为优雅；这种行为类型的个体通常不具攻击性，且很少发怒；您可被依赖，追求准确与次序。

行为弱势：调解者有可能是利己主义者；这种行为类型的个体也可能在内

心深处看待事物上存在负面的想法，因此显得尖刻；您也害怕变化与冲突。

13. C 主导型

这种行为风格，可被大致描述为是"逻辑思维者"的类型。作为"逻辑思维者"的您通常表现出实事求是、合理与独立的特性。您有很高的自我评价能力，对自己和他人可能都很严格，但一般却很少表达出来，显得平静而沉默。您最怕被批评，所以会通过不懈努力以达到完美。"逻辑思维者"会反复加工信息、分析问题。有时因此显得对人冷淡，反应迟钝。

行为特征：逻辑思维者具有非常典型的"服从"特征，这一行为类型的个体通常被动、沉默谨慎，在他人看来显得冷漠孤独。这种行为特征通常来自您天生内敛的性格，除非绝对必要，您通常不主动与他人分享关于您自我的信息或者任何想法。实际上，这种行为类型的个体通常具有很强的抱负与可能"不切实际"的理想，但是，正是由于您缺乏果断性并且不愿意直面冲突场景，使得您很难直接达成目的。

交流沟通：逻辑思维者具有很多独特的优势，但是对于这种行为类型的个体来说，交流沟通的能力却显得很不足。内敛的性格加上怀疑的天性，使得您很难去构建并维持一种亲密的人际关系，尤其是在商业的环境中。如果您能够去建立一种亲密的伙伴关系或朋友关系，也是建立在拥有相同的爱好以及目标的基础上，而通常不是基于情感的考虑。

能力特征：逻辑思维者通常是一个非常自立自主的人，这种行为类型的个体具有非常结构性的思维模式，对于诸如组织整理信息、处理需要极其细致态度的工作，或者在非常复杂的系统中进行分析判断，您将显示出独特的优势。

行为优势：逻辑思维者通常是精确的，善于分析的；您自我责任意识很强，且严肃认真；总是要求实事求是，且严谨精确；对人对己都采取高标准。

行为弱势：逻辑思维者需要明确的活动或人际的界限；您很容易受到过程或方法的局限，经常会陷入细节的泥沼中；通常不善于表达情感，容易逃避妥协而不是直面问题。

14. CD 主导型

这种行为风格，可被大致描述为是"设计者"的类型。作为"设计者"的您通常以任务为导向，对问题非常敏感。您善于用创造性的、坚定的、分析的方式来有效解决问题，您不接受"权宜之计"。您的目的就是正确地、有控制地做好每一件事，同时避免失败。您能够激发改变和进步，因为您擅长管理技巧。设计者常常认为您是唯一能正确行事的人，所以您通常不主动寻求帮助。

行为特征：设计者的行为显示出一种带有强硬色彩与生硬态度的风格。这种行为类型的个体坚持以任务为导向，从不畏惧直接发表自己的观点或看法。从几乎所有的 DISC 行为图示来看，这种行为类型在处理人际关系与情感方面，大概是最不在行的。您通常独立，有时也显得与世隔绝，一般倾向于保留自己的意见。

交流沟通：正如我们以上所表达的，这种行为类型的个体通常不将人际的交流沟通（至少是在人与人这个层面上）作为您待人处事的重要因素加以考虑。如果与人的交流沟通是非常重要的，您倾向于简短、直接且实际。您通常以怀疑的态度审视事与物，除非绝对必要，您轻易不会表达自己的观点或见解。

能力特征：设计者的能力特征包含了很多"支配"（D）的要素，这种类型的个体总是被成就与效率所激励。因为"服从"因子（C）的存在，您又非常关注细节与精确性。比如，您会观察并指出他人的错误或疏漏，有时候却会显得过于吹毛求疵。但是，这种"效率"与"精确"的组合，再加上一点强硬的态度，却可以在面对困难任务时，显得非常有效。

行为优势：设计者是"完美主义者"与"主导者"的结合；这种行为类型的个体追求事实与抱负，您通常都有所准备，且条理分明、次序井然。

行为弱势：设计者有可能很难被予以接近；这种行为类型的个体对自己有着极高的要求，在行为或言语上可能体现出尖酸刻薄；您通常很难释怀，容易被激怒。

15. CI 主导型

这种典型行为风格，可被大致描述为是"评估者"的类型。作为"评估者"的您通常善于观察细节，包括人的独特价值。您会利用特定的关注去观察和鉴赏他人的工作，以促使公开交流渠道的形成。您对所要完成的任务总是表现出极大的热爱与乐观，而且也影响了周围的人。您对于事物的热爱总是基于对目标达成的因素评价上的，您的鼓励直接指向任务的完成。您喜欢评价，也关注细节。

行为特征：评估者的这种行为模式，看上去好像有点冲突：一方面，"服从"的因素代表了精确、细致与循规蹈矩；另一方面，"影响"的因素却代表着活跃、兴奋与外向冲动。对于这种行为类型的个体来说，"影响"的因素通常在轻松的、自然的或自己所熟悉的情境下被予以表现；而"服从"的因素，通常在一种更加正式与结构化要求较高的情境下被予以表现。

交流沟通：评估者在人际的交流沟通方面，其行为模式通常依赖于不同的情境。在朋友的圈子内，或非正式的场合，其行为模式通常显示出自信与外向的表现；在正式的工作、商业场合，或者在压力的气氛下（例如面试、谈判），其自信外向的一面可能会被一种更加内敛谨慎的态度所取代。

能力特征：评估者的能力特征综合了"影响"与"服从"的特点，但是这两种能力特征通常不会在同一时间被显示。不同的情境会产生不同的行为反应，因此，对于管理者来说，如果需要有效地管理该个体或预测其绩效，需要仔细考虑其所处环境对其的影响。通常情况下，这种行为类型的个体将更多地显示出其"影响"的一面，因此，自信与善于交流的能力特征一般也较为明显。

行为优势：评估者以客观事实为导向且注重人际关系；这种行为类型的个体通常压力感较低，不愿意冒险，您是天生的教书育人的"良师"。

行为弱势：评估者的情绪情感丰富，起伏较大，且有时自怜自哀；这种行为类型的个体可能过度解读某些事物而显得有点苛刻；同时，您有可能自我意识很弱。

16. CS 主导型

这种典型行为风格，可被大致描述为是"完美主义者"的类型。作为"完美主义者"的您通常强调精确性，注重细节并沉稳坚定。您善于系统思考，无论是在生活中还是工作中，都倾向于按部就班，遵守既定的流程。您行事老练，会很小心地规避冲突，所以很少有意引发矛盾。您也非常有责任心，工作中一丝不苟，有着极高的标准，可被信赖。

行为特征：完美主义者的这种行为模式，通常被称为典型的"技术"类型行为图示。这种行为类型的个体，因为其行为融合了精确性以及对于任务有始有终的耐心态度，通常适合于类似财务、编程或者工程技术类的职业。您对于自己的工作与任务有着极高的标准与要求，通常也竭尽全力确保任务结果的高品质。您理性冷静，对于事物有着自己的理解与诠释，通常保留自己的情绪与意见，除非被要求，否则很少公开自己的想法。

交流沟通：完美主义者在人际的交流沟通方面，其被动的行为模式一般情况下很难与他人进行互动，尤其是在不熟悉的情境下，因为您需要在明确了解自己的处境后才能行动。在内心里，您非常重视友谊与人情关系，但是却往往被您冷漠与内敛的表象所掩盖。为了能够更有效地与他人进行沟通，这种类型的个体需要以一种更加直接与开放的态度去发起或控制人际之间的互动。

能力特征：完美主义者的能力特征综合了"稳健"与"服从"的特点，这种行为类型的个体，其能力特征通常表现在具有复杂的系统与程序的环境中。您"稳健"的特征带来了耐性与坚持；而您"服从"的特征带来了次序与精确。这两种特征的组合反映了个体在技术领域工作的卓越优势。正因为您对于质量与效率的兴趣与追求，我们通常可以发现您具有某些特殊的专业技能与才干。

行为优势：完美主义者是天生的学者，次序井然且条理清楚；这种行为类型的个体通常善于分析，自我意识强；您专心细致，追求精准。

行为弱势：完美主义者易于感受到挫折与气馁；在压力下，通常带有负面的或"灾难化"的想法，有可能时常经历内心的挣扎；您虽然有着固执的一面却不愿直面表达。

六、生活特性问卷测评

（一）统计规则

权力动机：第（2）、（5）、（9）、（12）、（18）、（21）、（28）、（31）、（33）、（47）、（49）、（50）题分数相加，其中（2）、（9）、（18）题反向计分。

成就动机：第（1）、（4）、（10）、（13）、（15）、（17）、（20）、（23）、（26）、（29）、（35）、（41）、（43）、（51）题分数相加，其中（4）、（13）、（26）、（35）、（43）题反向计分。

亲和动机：第（3）、（6）、（16）、（19）、（22）、（25）、（34）、（36）、（37）、（40）、（46）、（48）题分数相加，其中（6）、（16）、（19）、（22）题反向计分。

风险动机：第（7）、（8）、（11）、（14）、（24）、（27）、（30）、（32）、（38）、（39）、（42）、（44）、（45）题分数相加，其中（44）、（45）题反向计分。

（二）参考答案

高权力动机的人具有强烈的影响他人的愿望，控制欲很强，喜欢支配和控制局面；非常果断自信，工作中出现分歧时会千方百计地试图说服别人接受自己；对职位晋升具有强烈的需求，渴望在组织中获得支配性的工作岗位，有时甚至为了获得权力而不惜一切代价。

较高权力动机的人影响别人的意愿比较强烈，控制欲比较强，比较喜欢支配和控制局面；比较果断自信，愿意为说服别人采取积极主动的行动；对职位晋升有着比较强烈的需求，希望在组织中获得支配性的工作机会和岗位。

适中权力动机的人比较愿意去影响别人，具有一定的控制欲，具有一定的支配和控制能力；比较自信，愿意为说服别人而采取行动，但往往会视难度而取舍；对职位晋升有需求，但需求不是很强烈。

较低权力动机的人相对比较封闭，不太愿意去影响别人，控制欲比较弱，不喜欢支配和控制别人；工作中常常缺乏自信，不愿意说服别人，更希望在别人支配下开展工作；对职位晋升的需求不强烈，不喜欢支配性和管理性的工作内容。

低权力动机的人封闭、内向，不愿意去影响别人，没有控制和支配欲望；没有说服别人的意愿更不会采取实质行动；缺少对职位晋升的需求，将指挥和管理工作视为麻烦工作。

高成就动机的人渴望工作中充满挑战，厌倦按部就班的工作内容，最好从事别人没有做过的工作；对其他人无法完成的工作任务表现出浓厚的兴趣，工作越有难度，工作兴趣和积极性越高；在目标设定上非常激进，通常设置常人认为难以完成的工作目标，非常愿意从事绩效导向明显的工作内容；完成工作渴望尽善尽美，凡事追求完美。

较高成就动机的人喜欢有挑战性的工作，不太喜欢常规性工作；对有难度的工作具有较强的兴趣和积极性；目标设定上有比较大的挑战性，对绩效导向的工作具有较高的工作热情；工作中有比较高的热情追求完美。

适中成就动机的人希望自己所从事的工作有一定的挑战性，但挑战性不要太高；对有一定难度的工作比较有兴趣，但难度要在自己可控范围之内；目标设定上能够兼顾挑战性和现实条件，对绝对绩效导向的工作内容不太感兴趣。工作质量要求一般，遵循满意原则，不追求极致。

较低成就动机的人不喜欢有挑战性的工作内容，希望从事程序性比较强的工作；对有难度的工作明显表现出畏难情绪；不喜欢绩效导向的工作；对工作质量要求较低，有得过且过的心态。

低成就动机的人极力回避有挑战性的工作，畏难情绪比较强烈；非常不喜欢绩效导向的工作；对工作质量要求非常低，躲避心态比较强烈。

高亲和动机的人非常渴望自己有一个良好的、和谐的、健康的人际关系；很容易与别人进行交流与沟通，是人际沟通中的高手，跟任何人都能找到交流的话题，是团队中的黏合剂与开心果；对别人的情绪和心理状态高度敏感，能敏锐发现交往对象的情绪波动；对别人有同情心，会换位思考，并会设身处地地为对方着想，很容易接纳别人；很在乎别人对自己的认知和评价，甚至通常会为了维护良好的人际关系而牺牲个人利益。

较高亲和动机的人希望自己有一个比较良好的人际关系；比较容易与别人进行交流与沟通，善于寻找交流话题并能关注到交往对象的感受；具有较强的同情心和同理心，懂得换位思考，比较容易接纳别人；在人际交往中比较关注交往对象对自己的认知和评价，并愿意为维护良好形象而改变。

适中亲和动机的人认识到良好人际关系的重要性，并愿意为维护和改善人际关系而采取行动；具有一定的人际交往能力，在自己擅长和感兴趣的领域能够与交往对象进行良好的沟通；具有一定的同情心和同理心，能感觉到对方较为明显的情绪和心理变化，对对方的立场和感受有一定的理解能力。

较低亲和动机的人不太关注自己的人际关系，也不愿意为维护和改善人际关系而采取积极的行动，在人际交往中比较被动；沟通能力比较弱，人际交流往往需要交往对象的积极引导；思考问题的角度比较内向、封闭，缺乏同情心和同理心，基本上不会换位思考，出现分歧和矛盾时比较难以沟通。

低亲和动机的人从来不认为人际关系的重要性，实际的人际关系比较糟糕，也不愿意为维护和改善人际关系而采取行动；在人际交往中非常被动，沟通缺乏开放性，固执己见，经常为了个人意见或利益不惜跟所有的人为敌。

高风险动机的人热衷于冒险，不怕失败；不安于现状，在工作中勇于尝试新思路、新方法；具有高度乐观的心态，通常会采取激进的行动，但有时可能过于莽撞，对困难视而不见；愿意接受高风险、高收益的工作。

较高风险动机的人敢于冒险，对失败具有较高的承受能力；不愿意安于现状，比较愿意尝试新思路、新方法；具有乐观的心态，会采取大胆的行动，对困难会估计不足；比较愿意接受高风险、高收益的工作。

适中风险动机的人在冒险之前会进行审慎的评估；对失败具有一定的承受能力；愿意在自己擅长的领域尝试新思路、新方法；心态较为乐观，能够在对优劣势分析的基础上采取自信的行动，并能考虑到可能存在的风险；通常会选择风险和收益都适中的行动方案和工作。

较低风险动机的人通常不愿意冒险，对失败的承受能力比较差；希望沿用传统、习惯的思路和方法开展工作；具有比较悲观的心态，在行动前关注困难和不足；工作中不求有功但求无过，不愿意担责任；更愿意接受低风险、低收益的工作。

低风险动机的人属于风险规避型，遵守秩序与规范，做事稳健保守，非常不愿意冒险，对失败的承受能力差；工作循规蹈矩，不愿意越雷池一步；是典型的悲观主义者，在困难面前裹足不前；工作中畏手畏脚，唯唯诺诺，生怕自己担一点责任；十分厌倦有风险的工作。

七、沟通技巧测评

（一）评分规则

第（1）题选 A 1 分，B 0 分，C 2 分；第（2）题选 A 2 分，B 0 分，C 1 分；第（3）题选 A 2 分，B 1 分，C 0 分；第（4）题选 A 1 分，B 0 分，C 2 分；第（5）题选 A 0 分，B 1 分，C 2 分；第（6）题选 A 0 分，B 1 分，C 2 分；第（7）题选 A 0 分，B 1 分，C 2 分；第（8）题选 A 1 分，B 2 分，C 0 分；第（9）题选 A 0 分，B 1 分，C 2 分；第（10）题选 A 0 分，B 1 分，C 2 分；第（11）题选 A 2 分，B 1 分，C 0 分；第（12）题选 A 2 分，B 1 分，C 0 分；第（13）题选 A 2 分，B 0 分，C 1 分；第（14）题选 A 2 分，B 0 分，C 1 分；第（15）题选 A 1 分，B 2 分，C 0 分；第（16）题选 A 2 分，B 1 分，C 0 分。

（二）分级及参考答案

21~32 分，高。您特别善于沟通，能根据沟通对象调整自己的沟通方式；表达清晰，有条理，在沟通中讲求策略，能有技巧地提出自己的建议，说服别人接受自己的观点；有比较好的倾听技巧，善于接纳别人，吸收别人的长处，能理解别人的立场。

10~20 分，中等。您能在大多数场合中表达自己的观点，能注意到别人的反应并给予反馈；能比较认真地听他人发言，但在自己不感兴趣的地方，并不会特别积极地表达意见或参与其中；在某些重要场合，与人发生分歧时，您可能会羞于表达自己的观点。

0~9 分，低。一般情况下，您不会主动地与他人进行沟通交流，在很多场合您可能会顾虑表达自己的真实想法，与别人发生分歧时您也可能找不到好的沟通解决方式。您在与别人沟通的过程中，也不太会关注别人的反应及反馈，沟通中相对比较内向、封闭。您的沟通技巧还有待进一步提高。

八、自我控制能力测评

（一）评分规则

计算分数的时候，把第 3、6、7、8、10 题进行反向计分（即 1＝7；2＝6；3＝5；4＝4；5＝3；6＝2；7＝1），然后合计 10 个项目的分值。

（二）测试分析

研究者选取了一个大学生样本，平均分是：男生 51.8，女生 52.2，标准差均为 6。

得分越高，表明你越相信自己能控制成就。如果远远高于平均值，说明你会奖励自己的成功，并为自己的失败负责。低得分表明你是外控的，你倾向于相信有超越自己控制力的其他决定性力量，例如更强有力的人或机遇决定着在你身上发生的事情。

九、威廉斯创造力倾向测评

（一）统计规则

本量表共 50 题，包括冒险性、好奇性、想象力、挑战性四项。

（1）冒险性包括 1、5、21、24、25、28、29、35、36、43、44 这 11 道题，其中，29、35 为反向题目。得分顺序分别为：正向题目：完全符合 3 分、部分符合 2 分、完全不符 1 分；反向题目：完全不符 1 分、部分符合 2 分、完全符合 3 分。

（2）好奇性包括 2、8、11、12、19、27、33、34、37、38、47、48、49 这 13 道题，其中 12 为反向题，其余为正向题目。计分方法同冒险性题目。

（3）想象力包括 6、13、14、16、20、22、23、30、31、32、40、45、48、49 这 14 道题，其中 45 题为反向题，其余为正向题。计分方法同冒险性题目。

（4）挑战性包括 3、4、7、9、10、15、17、18、26、41、42、50 这 12 道题，其中 4、9、17 为反向题，其余为正向题。计分方法同冒险性题目。

（二）分级及参考答案

分级的经验值段：①创造力高：小于等于 150 分，且大于等于 130 分；②创造力较高：大于等于 110 分，小于 130 分；③创造力中等：大约等于 90 分，小于 110 分；④创造力较低：大约等于 70 分，小于 90 分；⑤创造力低：大于等于 50 分，小于 70 分。

1. 创造力高的评价报告

创造力高的您具有如下特征：您的反应速度很快，具有很强的观察敏锐力，能发现事物的缺漏和问题关键点，能在短时间内从杂乱中理出逻辑关系及流程顺序，找出问题的解决方法；您对身边的事务有不同寻常的见解，善于打破固定心理定势的限制，提出新的观念和构想；您具有很强的发散思维能力，善于触类旁通，富有想象力，不喜欢循规蹈矩；您对陌生的、新奇的事物感兴趣，喜欢从事有挑战性的工作，勇于面对失败或批评，具有很强的创新能力。

2. 创造力较高的评价报告

创造力较高的您具有如下特征：您的反应速度比较快，比较善于发现关键点，能在较短时间内从杂乱中理出逻辑联系及流程顺序，找到问题的解决办法；您时常会有与众不同的新见解，比较善于打破固定心理定势的限制，提出新的看法；在您熟悉的领域，您具有比较强的发散思维能力，比较善于举一反三；您对陌生的、新奇的事物比较感兴趣，想象力比较强，具有比较强的创新能力。

3. 创造力中等的评价报告

创造力中等的您具有如下特征：您的反应速度适中，面对复杂的问题或事物，需要认真的思考或别人的提示；您有时也会有与众不同的新见解，但常常受到固定心理定势的影响；在您熟悉的领域，您具有一定的发散思维能力；具有一定的想象力，创新能力适中。

4. 创造力较低的评价报告

创造力较低的您具有如下特征：您的反应速度较慢，面对复杂的问题或事物，不容易在短时间内快速理清其逻辑关系并抓住要点；您比较喜欢按部就班

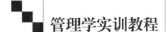

地做事，易受固定心理定势的影响；您的发散思维能力一般，不喜欢新奇的、多变的事物与环境；比较喜欢从事程序性强的工作，不喜欢创造性与挑战性很强的工作。

5. 创造力低的评价报告

创造力低的您具有如下特征：您的反应速度比较慢，对复杂事物或不确定性的工作具有较强的畏难情绪，问题的敏感性不高，分析问题及解决问题的能力有待加强；您喜欢按已有规律和现成规则做事，不喜欢新奇和多变的事物与情景；您的发散思维能力不强，想象力不够丰富，喜欢从事程序性，甚至是重复性的工作。

十、海上营救的专家排序表

待排序物品	序　号	备注
饮用水	1	生存必备
压缩饼干	2	生存必备
指南针	3	想回家这个必需
10 平方米雨布	4	可以遮蔽海上风浪
剃须镜	5	有救援飞机飞过的时候可以反射阳光引起注意
15 米细缆绳	6	虽没有具体用途，但可以在很多时候派上用场
救生圈	7	如果有人落水时可以用得着
巧克力	8	虽不能当饭吃，但可以补充能量
钓鱼工具	9	如果食物吃完，可以找点别的吃
驱鲨剂	10	大海里的鲨鱼没有那么可怕，但还是要防备
机油	11	救生艇其实用不上
白酒一箱	12	其实海上不能喝，喝完更口渴
小收音机	13	海上无信号
航海图	14	已经知道偏离航道，用处不大
蚊帐	15	海上没有蚊子，也无其他明显作用

参考文献

1. 田国秀．团体心理游戏［M］．北京：学苑出版社，2016.

2. 周丹．管理学实训教材［M］．北京：电子工业出版社，2012.

3. 宋素娟．管理技能训练［M］．南京：南京大学出版社，2013.

4. 单凤儒．管理学基础实训教程［M］．北京：高等教育出版社，2012.

5. 周三多．管理学——原理与方法（第6版）［M］．上海：复旦大学出版社，2014.

6. 谢敏．管理能力训练教程（第二版）［M］．北京：清华大学出版社，2012.

7. ［美］兰杰·古拉蒂等．管理学［M］．杨斌等译．北京：机械工业出版社，2014.

8. 杨保军．读寓言故事学管理法则［M］．广州：广东经济出版社，2013.

9. 付景远．通用管理能力案例集［M］．济南：山东人民出版社，2012.

10. 单宝．管理学理论与实训［M］．上海：立信会计出版社，2012.

11. 刘汴生．管理学——理论与实务［M］．北京：北京大学出版社，2012.

12. 孙宗虎，庄俊岩．人员测评实务手册［M］．北京：人民邮电出版社，2012.